领导力差距

成就卓越领导者的7个原型

[美] 洛莉·达斯卡尔（Lolly Daskal）◎著　史天天◎译

The Leadership Gap

What Gets

Between You and Your Greatness

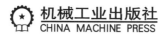

本书揭示了是什么让领导者变得伟大,以及普通领导者和伟大领导者之间的差距。在这本富有深刻洞见的书中,作者根据多年的工作经验和对领导力的深度见解创造性地提出了7个领导者的原型,协助领导者认识自己应该用什么身份领导众人。

本书提出的领导者的原型框架是一个经过验证的成熟体系,全球各地的领导者都可以掌握并将其应用于自己的领导工作和生活中。

Copyright© 2017 by Lolly Daskal

This edition published by arrangement with the Portfolio, an imprint of Penguin Publishing Group, a division of Penguin Random House LLC.

本书由 Portfolio 授权机械工业出版社在中华人民共和国境内(不包括香港、澳门特别行政区及台湾地区)出版与发行。未经许可的出口,视为违反著作权法,将受法律制裁。

北京市版权局著作权合同登记　图字:01-2018-0562号。

图书在版编目(CIP)数据

领导力差距:成就卓越领导者的7个原型 /(美)洛莉·达斯卡尔(Lolly Daskal)著;史天天译. — 北京:机械工业出版社,2021.7

书名原文:The Leadership Gap: What Gets Between You and Your Greatness

ISBN 978-7-111-68852-5

Ⅰ. ①领… Ⅱ. ①洛… ②史… Ⅲ. ①领导学-研究 Ⅳ. ①C933

中国版本图书馆 CIP 数据核字(2021)第 173966 号

机械工业出版社(北京市百万庄大街22号　邮政编码100037)
策划编辑:王　峰　　　责任编辑:王　峰　刘怡丹　坚喜斌
责任校对:李　伟　　　责任印制:李　昂
北京联兴盛业印刷股份有限公司印刷
2021年10月第1版·第1次印刷
160mm×230mm·13.25 印张·155 千字
标准书号:ISBN 978-7-111-68852-5
定价:65.00 元

电话服务　　　　　　　　　　网络服务
客服电话:010-88361066　　　机　工　官　网:www.cmpbook.com
　　　　　010-88379833　　　机　工　官　博:weibo.com/cmp1952
　　　　　010-68326294　　　金　书　网:www.golden-book.com
封底无防伪标均为盗版　　　　机工教育服务网:www.cmpedu.com

来自他人对《领导力差距：成就卓越领导者的7个原型》的更多赞誉

"从她指导世界各地高级管理人员的丰富经验中，洛莉描绘出了所有领导者——以及我们自己——黑暗和光明的领导肖像。《领导力差距：成就卓越领导者的7个原型》一书引人入胜，极具煽动性、娱乐性和实用性——这是对我们作为领导者的思维和行为方式的重大新贡献，我强烈推荐它。"

——吉姆·库泽斯，《领导力挑战》的合著者、圣克拉拉大学列维商学院院长

"深思熟虑、务实、分析和个性化的解读，《领导力差距：成就卓越领导者的7个原型》邀请领导者重新思考怎样才能成为伟大的领导者，并承诺帮助领导者弥合与伟大的领导者之间的'领导力差距'。我敦促你阅读它。"

——威廉·C.泰勒，《快公司》杂志的联合创始人、《从平庸到非凡》一书作者

"洛莉·达斯卡尔揭示了是什么让领导者变得伟大，以及普通领导者和伟大领导者之间的差距。每个领导者都将受益于本书所包含的领导力原则，同时还有他们的员工、客户和公司。"

——艾玛·塞帕拉，耶鲁大学情绪智力中心、《休息时就要远离工作》一书作者

"如今，只有当领导者愿意找出并填补他们的能力差距时，他们才能取得伟大的成就。在这本文笔简洁且非常有帮助的书中，洛莉·达斯卡尔将向你展示领导者的7个原型，以及每一个原型所包含的机遇和陷阱。用心阅读它，然后展翅翱翔吧！"

——蒂姆·桑德斯，《交易风暴法：解决方案销售的工具和实践案例》一书作者

"本书是我最喜欢的领导力专家之一洛莉·达斯卡尔对这个世界的全新见解。必须为这本书点赞！"

——戴夫·克彭，《交际的艺术》一书作者

"在这本富有深刻洞见的书中，领导力专家洛莉·达斯卡尔讲述了一系列让人开阔眼界、改变游戏规则的想法，包括为什么拥抱弱点是实现伟大的第一步。如果你想即刻了解你的客户、老板，甚至你自己，那就买这本书吧！它将重新定义你的领导方式。"

——罗恩·弗里德曼，《最佳工作场景》一书作者

"在这个不确定的时代，比以往任何时候都更重要的是，领导者要成为诚实的人和大家可以信任的人。这本书将引导你走向伟大，成为更好、更有效的领导者。"

——劳伦·梅丽安，创业投资者、《重新定义的道路》一书作者

"拥有这本书的好处可能仅次于拥有自己的私人辅导师了。"

——阿特·马克曼，得克萨斯大学奥斯汀分校教授、《一本不正经的大脑》一书作者

"《领导力差距：成就卓越领导者的7个原型》读起来就像是我的故事——一次对'当我带队伍时，我该扮演何种角色'的深度探索。"

——奇普·R.贝尔，《万花筒：提供闪耀的创新服务》一书作者

"我喜欢这本书。每一页都充满了智慧和常识性的可行性想法。洛莉在书中论及了哪些因素阻碍了我们成就伟大的领导者，以及我们需要做些什么来弥合这种差距，从而成为更好的自己。"

——杰西·林恩·斯托纳，《愿景的力量：重建个人生涯与企业愿景的对话启示录》一书合著者

"在本书中，洛莉·达斯卡尔通过她敏锐而务实的洞察力，将权力的真相传达给了那些领导者或即将成为领导者的人们。"

——布鲁斯·罗森斯坦，《领导者对领导者》一书执行编辑、《以彼得·德鲁克的方式来缔造你的未来》一书作者

"凭借专业的分析和深切的同理心，洛莉·达斯卡尔展示了领导者在实现其真正潜力时所面临的心理'差距'。本书不仅非常实用，而且还对领导者人性方面的同理心进行了深刻的剖析。"

——安迪·莫林斯基，《全球技能》和《走向成功》作者

"我特别欣赏洛莉对领导力的见解。她激励我成为一个更好的人，她的这本书给了我有效的工具来激励我领导团队并采取行动。"

——亚当·科里克，世界杯金牌得主、KreekSpeak公司创始人

"在看完本书后，你不可能毫无改变。洛莉·达斯卡尔出色地将自己与其他领导人共事的经历浓缩成了一本充满智慧的可立即付诸行动的书。"

——斯基普·普里查德，OCLC 公司首席执行官、《错误之书》一书作者

"伟大的领导力始于自知之明。洛莉·达斯卡尔为我们提供了一个强大且全新的框架——即了解你自己，成为你想成为的领导者和人。"

——多利·克拉克，杜克大学富卡商学院兼职教授、《深潜》一书作者

"洛莉·达斯卡尔带领我们踏上了一段独特而富有洞察力的旅程，探索领导者的 7 个原型，并向我们展示了是什么让有些领导者能够长期发挥影响力，而有些则只有短暂的一瞬。本书是增强自我意识和提高作为领导者影响力的有力工具。"

——杰基·弗莱伯格，《瞧那些家伙》一书合著者

"《领导力差距：成就卓越领导者的 7 个原型》令人信服地展示了人类之间发生的紧张关系，因为我们每个人都有两个相互竞争的方面，但只有一个才能成就伟大。无论你是反抗者还是探险家，是说真话者还是英雄、发明家，是领航员还是骑士，这本书对于任何渴望成为一名更加真实和完整的领导者的人来说，都算是宝贵的资源。"

——罗伯特·罗萨莱斯，领导学院——一家基于积极心理学的领导发展咨询公司的创始人

"洛莉·达斯卡尔的书充满了智慧的经验,它将帮助任何一个领导者通往未来——也包括你。"

——达蒙·布朗,《小企业家:点燃激情和从事副业的21种方式》一书作者

"《领导力差距:成就卓越领导者的7个原型》自始至终都非常引人入胜,它拉开了董事会的帷幕,分享了一位在幕后为世界级领导人提供咨询的高管指导的惊人见解。"

——简·兰塞姆,国际演讲人、培训师

推荐序

我们大多数人在面对不确定性时，都会回到曾经起作用的经验上来。但是，当这个策略失败时会发生什么呢？ 如果接下来的事情没有先例呢？

洛莉·达斯卡尔这本发人深省的书引导领导者们走过这些未知的水域，为我们提供理解自己性格的准则，以及巧妙引导我们踏上旅程的工具。凭借几十年来在商业背景下研究人类行为的经验，洛莉创造了一种基于7个领导者原型的独特方法——反抗者、探险家、说真话者、英雄、发明家、领航员和骑士。在这一方法中，你肯定会把自己视为一个伟大的领导者。

洛莉熟练地观察到，我们每个人在生活和职业生涯的不同阶段都扮演着一个或多个角色。作为一名与许多有权势的人共事过的高管教练，我发现洛莉的洞察力与我个人产生了共鸣。我承认自己是一名天生的说真话者！

本书中的原型将为你更深层次的意识和最终的成长提供一个容易理解的框架。对于寻求优化绩效的领导者来说，了解自己所扮演的角色——何时以及为什么——具有巨大的价值。在这些原型中可以看到你自己，也将有助于你充分利用自己做得很好的一面。即使是最有才华的高管，也有真正的"领导力差距"在阻碍着他们的成功。阅读完这本书，你会知道你的差距是什么，你将学会如何利用它们。

这些年来，在我自己的工作中，我多次建议，仅仅因为过去某件事对一名领导者有用，并不意味着它将来也会有用。

作为领导者，我们在领导能力上都有一定的缺口，考虑到这些缺口与推动我们成功的天赋和技能紧密相连，我们并不能很容易认识到这些缺口。但谦逊和脆弱是伟大领导才能的标志，直面你曾经的阴影，终会为你带来成效。

有了这本书里洛莉提供的指导，你就会被鼓励承认自己不知道的事情，并重新思考自己的直觉。你会被激励去质疑自己，这对于习惯展示力量的人来说有时是困难的。

洛莉鼓励领导者不要把自己视为需要修补的失败者，而要把自己视为能发掘自己更大潜力的成功人士。在洛莉的表述中，你将通过识别英雄原型来获得成功。她在书中描述了反抗者、探险家、说真话者、英雄、发明家、领航员和骑士等原型的各种引人注目的细节。

要学习如何拥抱你的原型，直面你的差距。我想不出有更好的方法来展现你的伟大了。

——马歇尔·古德史密斯

前　言

> 不要害怕伟大：有些人生来伟大，有些人成就伟大，而有些人不得不伟大。
>
> ——莎士比亚，《第十二夜》

我坐在美国最有权力的首席执行官的对面。透过抛光的柚木会议桌旁的窗口，我能看到无尽的蓝天，远处，船只停在曼哈顿附近的水道上。但我来这儿可不是为了欣赏豪华会议室外绝美的景色的。这位首席执行官在危难中打电话给我，由于他的董事会已经陷入混乱，作为他的执行指导人员，我被要求出席这次会议，以提供一个解决方案，越快越好！

这位首席执行官关心的问题是董事们的动态。在过去的几个月里，他们因为不断争吵而四分五裂。董事会无法达成一致意见，对首席执行官高效运营公司的能力产生了质疑。

我静静地坐着，观察会议期间的各种互动。八位有成就、声誉卓著的高管围坐在桌旁——每个人都是各自领域的卓有成效的管理者，每个人都有多年的工作经验，同时还有敏锐的洞察力。没过多久，我便找到了问题的根源。

他的名字叫理查德。

这位特殊的董事会成员本身就是一位备受尊敬的首席执行官。理查德创办了一家科技公司，并且签到了大量的政府合同。再加上他精通财务，因此在市场上赚了一大笔钱。据报道，当他卖掉公司时，他的净资产已飙升至数亿美元。

很明显，理查德具备敏锐的洞察力来解决复杂的战略问题，并能做出快速、务实的决定。这是他作为一名值得信赖的首席执行官几十年来磨炼出来的技能。但当他说话的时候，他在董事会中激起的怨恨就变得更为明显了。当有人向他提问时，他的回答简短而直率。事实上，他对别人最频繁的回应是非常平淡的一句"我知道"。

他似乎在听到问题之前就给出了那样的答案，让人感觉咄咄逼人、傲慢无礼。他在自己和董事会之间制造了隔阂，同时其态度还影响到了同事之间的团队合作。

我很快意识到，理查德有个在晋升过程中遇到的，也是所有人都不可避免会面临的问题。这个问题，即使是与我共事过的一些最成功的首席执行官也从未遇见过，更不知要如何解决。

问题是，有一天，突然之间，以前推动他们有效工作的助力偃旗息鼓了。曾经对他们有用的特质实际上开始产生了相反的效果。卓有成就的感觉戛然而止，有一位雄心勃勃的高管被迅速拉回现实。

这就是领导者面临的关键且非常不舒服的问题，即如果我所知道的情况和实际情况之间有差距怎么办？

后来，当我有机会与理查德私下交谈时，我了解到尽管他已经当了几十年的首席执行官，但他从未在公司董事会任职过。在半退休的状态下，他的生活变得索然无味，他渴望再次有所作为。因此，他让大家了解到他是愿意把自己的专业知识和经验传达给董事会并为其所用的。求助者纷纷而至。

理查德是个合群的人，他为自己传奇的职业生涯感到非常自豪。他喜欢谈论他职业生涯中的一次次胜利。他在首席执行官的圈子里很出名，在我们最初的几次谈话中，我注意到，他经常以"我总是这样做……"开头。

我曾多次感受到理查德的领导风格。他完美地体现了我称之为"领航员"的原型：务实、果断、博学和可信。然而，领航员也是会产生领导力盲区，这种盲区会出现在那些不愿承认自己并非无所不知的领导者身上。领航员于是变成了一名"固化者"：浮躁、傲慢和自私。理查德已然成为一名固化者了。

作为首席执行官，理查德有 40 多年的领导经验来帮他发现问题并迅速想出解决方案，所以这自然是他继续在做的事情。但理查德没有意识到，这项使他成功的技能已经不再为他个人所有了。理查德的专长是董事会所需要的，但他的性格却不是董事会想要的。他的领导力差距掩盖了他的专业知识，他的傲慢也变得让人愈发无法忍受。对理查德来说不幸的是，他对这一差距是如何影响他的新职位或董事会成员的一无所知。

我想帮助理查德看到他的领导力差距,并指导他成为一个别人会尊重和信任的领导者。但是,尽管理查德可能已经感觉到有些不对劲了,但他仍然坚持自己的信念,因为那一直对他有效。使他成功的技能现在怎么会对他不利了呢? 他拒绝接受其领导风格已经无效的现实。倾听与学习再也无法引起他的兴趣了。

这就是高度自驱、争强好胜的领导者每天都会犯的错误。但总有一天,他们必须反思一切,扪心自问:在我是谁和我想成为谁之间有什么差距,我是否清楚自己还有什么需要学习?

理查德没有重新思考人们是如何看待他的行为的。相反,他坚持着过去让他成功的东西。他的失败不是因为缺乏技能、经验或机会,而是他的傲慢毁了他。

理查德被要求离开董事会。

学会认识到,你的领导力差距是决定你能否成为伟大领导者的决定性因素。

没有意识到这一点,这就是你的失败。

重要的是不要停止疑问,好奇心有其存在的理由。
——阿尔伯特·爱因斯坦

我在十几岁时,发现了自己的智慧源泉:曼哈顿上西区的一家名为莎士比亚公司的书店。

我成了那家书店的常客，我和在那里工作的读书爱好者交换了想法和好奇心。突然间，我的世界被打开了。我永远不会忘记有人向我介绍维克多·弗兰克尔的作品的那一天。在《活出生命的意义》一书中，弗兰克尔讲述了自己在奥斯维辛集中营里所忍受的痛苦，并阐释了生命的意义——人是可以生存下去的。这也让我意识到，要想在成年后有所作为，我必须告别过去的童年，质疑我所知道的，并重新思考我如何看待自己的生活。弗兰克尔告诉我，当我们不能改变现状时，我们就必须改变自己。他教会我在自己做的每件事情中寻找意义。他给了我对未来的希望。

在接下来的几年里，我沉浸在许多其他挑战我原有认知的伟大思想家的作品中。就像卡尔·荣格教我的那样，我们大脑的内部运作机制激励并控制着我们的行为。荣格的原型概念——我们行为模式的人格形象——今天仍然影响着我的工作。引用荣格的话：

"在几个世纪以来的文化中，神话和符号在世界各地是惊人地相似……它们以原型的形式，即组织行为模式的符号出现。我们每个人天生就有利用这些原型来理解世界的倾向。"

从荣格那里，我学会了反思自己的动机，倾听自己的心声，不懈地追求知识。多年来，我一直在我的网站上展示荣格说的话，这些话至今仍影响着我：

只有当你能审视自己的内心时，你的视野才会变得清晰。向外看的人是梦中人，向内看的人是清醒者。

此外，约瑟夫·坎贝尔，一个擅长讲故事的人，他宣称几乎所有的神话都有相似之处，不管它们起源于何处。坎贝尔对我的思维方式产生了巨大的影响，他的作品成为我教练实践的一个关键部分。"正是通过坠入深渊，我们找回了生命的宝藏。你跌倒的地方，就有你的宝藏。"他写道。我理解这意味着即使事情没有像你想象的那样发展，你也仍然可以找到自己的宝藏。

坎贝尔让我最具共鸣的话则是："我们必须放弃我们计划的生活，接受等待着我们的生活。"我所计划的生活当然不是成为一名高管教练或商业顾问；但是经过多年的反思，寻求答案，以及对心理学和人类思维潜力的热情研究，我被这项工作深深地吸引住了。

在为世界上一些最杰出的首席执行官提供建议的几十年中，我形成了一种理性的风格、有意义的哲学和一套可行的方法。我的方法的本质是建立在我在实践中看到的 7 个领导者原型的基础上的。

被自信驱使的**反抗者**和被自我怀疑困扰的冒名顶替者。

被直觉推动的**探险家**和扮演大师的剥削者。

拥抱坦诚的**说真话者**和制造猜忌怀疑的欺诈者。

象征勇气的**英雄**和象征懦夫的旁观者。

充满正直的**发明家**和道德败坏的破坏者。

信任且被信任的**领航员**和时刻傲慢的固化者。

忠诚即一切的**骑士**和永远自私的唯利是图者。

我们每个人的内心都有两个对立面，即性格的两个分歧对立点，但只有一个才能成就伟大。不管我们变得多么成功，如果我们想继续对世界产生积极的影响并有所作为，我们就必须不断反思那些驱使我们行动的本能。

最终，我们扪心自问的那些问题决定了我们将成为什么样的人。

——利奥·巴博塔

我的工作需要我在会议室、行政套房和商务飞机上度过无数个小时。我与商界一些最伟大的人物密切合作，对他们的才华和专业知识感到惊讶。这些领导者信任我，与我一起应对挑战，并向我列举希望和恐惧。我在各种情况下指导各种类型的领导者——从幕后的爆炸性危机到庆祝性新闻发布会。经过多年的仔细观察，我发现了优秀领导者与其他领导者之间的差距：即伟大的领导者有能力重新思考自己是谁——他们乐于学习、改变和成长为领导者。

我认为，各级和各种职位的领导者都有内在的责任去质疑他们做领导工作时的身份。但是，需要有一名坚定的领导者将寻求真理作为领导者的标准，并不是每个人都能做到这一点。很少有人愿意踏上内心的旅程，去发现能够驱动他们的是什么。

阻碍如此之多的领导者实现其所渴望的伟大的并不是因为他们缺乏技能或机会。相反,这是因为他们依赖于那些一直对他们有用的东西,哪怕这些东西已经不起作用了。因此,需要领导者找到自己的领导力差距。伟大的领导者比以往任何时候都更想知道,为什么事情在起效了这么久之后开始出错了。

自然而然地,人们会向他们的领导者寻求答案,而领导者对给出答案表示压力巨大。但是伟大的领导者清楚,自己不需要知道所有的答案。领导力中最重要的是提问,要避免假设,应停下来重新思考眼前的情况。如果你致力于自我成长并成功地成了一名领导者,那么其中的关键是你要认识到自己是谁和与目标之间的差距。作为一名领导者,你必须对质疑自己的行为感到舒适。如果你停止了提问,也就停止了学习。而停止学习,就是停止领导。

这本书是为那些希望创造持久的成功并意识到自己还有很多东西要学的人所写的,旨在帮助你认识到推动自己前进的力量,并理解你认为你知道的事物可能正在对你进行破坏。这本书将帮助你成为更好的问题解决者、更好的领导者和更好的人,还将帮助你利用你的领导力差距,找到通向伟大的道路。

本书提出的领导者的原型框架是一个经过验证的成熟体系,全球各地的领导者都可以掌握并将其应用于自己的领导工作和生活中。本书揭示了我们思考和行动中自然发生的模式是如何培养我们的潜力的。它展示了最伟大的领导者是如何坚持提问,反思他们所知道的一切的,并做出有意识的选择——它也展示了我们可以从他们身上学到些什么。

伟大的领导者改变了他们周围的世界。但是我向你保证,他们的改变是从内部开始的。

我以私人教练的身份前来,和你一起走过这段旅程。在这本书中,我直接与你交谈,以谦卑的方式尝试为你进行服务,帮助你找出你的领导力差距,并利用它让你成为注定要成为的最伟大的领导者——最好的人。让你的生活更有意义是我一生的工作。

——洛莉·达斯卡尔

目 录
CONTENTS

来自他人对《领导力差距：成就卓越领导者的 7 个原型》的更多赞誉

推荐序

前言

第一章	领导力之间的惊人差距	001
第二章	反抗者	015
第三章	探险家	037
第四章	说真话者	061
第五章	英　雄	083
第六章	发明家	105
第七章	领航员	125
第八章	骑　士	149
第九章	有光就有成就伟大的希望	171
结　语	展示你伟大的一面	181
致　谢		190

第一章
领导力之间的惊人差距

成就伟大的秘诀就藏在现在的你
和目标之间的差距中

当首席执行官来找我进行指导时，他们通常希望我针对具体情况帮助他们应对各种领导、管理和战略方面的挑战。我几乎为每一个行业的高管都做过顾问，他们分别来自技术、航运、消费品、制药、金融行业……我遇到的每种情况都是独一无二的。

我与聪明、善良、渴望权力的领导者一起共事，他们都兼具各种特质。有些人在某一方面表现得很出色，但在另一方面却很薄弱，这是自然的——人的各方面条件难免会有差异。作为一名指导者，我的工作是整合一名高管的所有素质，不管是弱项还是强项，以帮助他成为一名更加全能的领导者。

我遇到过一些擅长解决业务问题的客户，但他们不能着手解决人与人之间的冲突。我曾与出色的远见卓识者一起共事，但发觉他们经常无法实施计划以完成目标。我还有一些客户热衷于公开演讲，但他们真的不善于倾听。每位领导者都有自己的一套管理方式，但那些在世界上留下印记的人会逐渐明白：出色的领导者需要多方面的才能，所有方面都必须加以培养。伟大的领导者应学会扩展自己的才能，弥补自己的不足之处。

所有有才华的领导者都有一个共同点，那就是他们擅长自己的工作，他们都想成为伟人。因此，最终我的工作是帮助他们跨越障碍——我称之为他们的"领导力差距"。

我共事过的许多领导者都是基于一种才能才晋升为高管的，但他们却没有意识到成功的领导者是需要多种才能的。我帮助他们重新思考他们认为自己知道的事情，并指出他们所不知道的事情，以便培养那些他们从未想过自己所需要的技能。我知道如何发现具有强大领导潜力的人：他们是那些拒绝被自己的方式束缚的人。他们意识到自己目前的位置和自己想要到达的位置间是存在差距的，他们也愿意重新思考并努力弥补这一差距。

我已经看到我在客户身上所使用的技术改变了他们的生活。如今，我想要教你如何应用这些技术来改变你的生活。

我所服务的首席执行官经常发现自己处于难以置信的挑战性环境中，看似根本找不到好的解决方案。作为他们的指导者，我帮他们寻找智慧，理清复杂性，给他们的工作注入新的意义，并给予他们希望。我的一些客户对成千上万的人负有责任——每个人都有自己的需求和要关注的问题。无论高管们变得多么成功，我们都必须记住：领导力是一种特权。

正如维克多·弗兰克尔解释的那样，我们从未丧失对事情变得更好的希望："你可以从人类身上夺走任何东西，除了最后的自由，即在任何特定环境中选择自己的态度，选择自己的道路。"他明白，当我们不再能够改变情况时，我们就面临着改变自己的挑战。

弗兰克尔也理解我们在智慧上的差距。正如他曾经明智地说过："刺激和反应之间有一个空间。在那个空间里，我们有能力选择如何回应。我们的回应代表了我们的成长和自由。"

毫无疑问，我的工作是帮助我的客户到达他们职业生涯中所希望的位置。在我的实践中，这要从帮助他们理解他们自己是谁开始——不是表面上的，而是内心的——这意味着他们要承认自己个性中被隐藏起来的那部分。这些部分是由于恐惧、无知、羞耻或拒绝后而被创造和培养出来的。我们一起寻找阻碍他们成为自己想要成为的人的差距。卡尔·荣格称这种差距为阴影，即"你不愿成为的人"。

为了使领导者从原有位置到达目标位置，我帮助他们重新思考他们已知的一切。你们可以通过一套受到卡尔·荣格启发的领导者原型来理解我实现这一目标的技术。

我的原型系统能让你更客观地看待自己。一旦你有了这种清晰的认识，你不仅会意识到你与优秀领导者之间的差距，还会在内部利用这些差距，一步步迈向伟大。你将有能力重新思考你知道什么、相信什么，以及你所谓的说真话。这本书的核心原型将使你能够以你从未想象过的方式理解你自己和你的领导风格。

值得注意的是，我不相信任何人有自己的一套固有个性特征，且被整齐地束缚在一个原型中。人类是一个独特的混合体，许多方面都存在着对立面，而正是这些对立面形成了一个完整的人类群体。我认为，领导风格是一个不断运动和变化的弧线——我们能够根据情况从一种风格转变为另一种风格。但不管在什么时候，在什么情况下，我们都趋向于对相同原型角色的重复。情况可能就是如此，实际上我们是所有原型的混合体。

以说真话者的原型为例。如果你是一个重视真相的人，那么不断地说出真相可能会让你觉得它是你内心的一种力量。如果你像迈克尔一样，那么用说真话来领导下属就是绝对不能退让的原则。

迈克尔是一个非常有成就的人，他就是成功的化身。为迈克尔工作的人都了解一点，那就是他对说谎者是零容忍的。他经常武断地说，撒谎是错误的，以及他自己永远都不会这样做。迈克尔却不知道，这已经将他周围的人都逼疯了。

因此，当有一天迈克尔发现他的组织中的许多人不但不钦佩他的极度诚实，而且还想远离他时，他震惊到了极点。他不明白，为什么人们仅仅因为他的标准太高就觉得他很难相处，因此他向我征求意见。

"我不知道我应该做什么，"他说，"有高标准难道不是件好事，他们为什么不尊重我？"

我向迈克尔解释说，他认为的高标准——对说谎者的零容忍——正在他和他的团队、他的公司以及他的生活中的其他重要关系之间制造隔阂。

当然，这不是迈克尔想要听到的反馈，这让他很沮丧。"我致力于以非常诚实和真实的方式经商，我可不说谎。"他坚定地说，"即使有时我的诚实会让我在生意上付出代价。"

领导力差距是无形且潜伏着的——尤其是对那些在领导力方面有差距的人来说。我知道我需要让迈克尔用他从未有过的方式来看待自己，这样他不仅可以重新思考自己在说什么，还可以重新思考自己在做什么以及这么做的缘由。

我首先问他关于他的成功的问题。他有许多伟大的故事。然后我问他关于他的过去——最为触动的事物，以及是什么东西促成了他的成功。迈克尔的回答集中在他的荣誉，即他如何不惜一切代价避免说谎；以及他的信念，那就是因为他没有撒谎，所以他在商业上才占领上风。可以说，说真话对迈克尔来说是至关重要的。

一旦和我熟稔起来，他就放松了警惕，于是我向他提出了另一个问题。

"你一生中曾经说过谎吗？"我问。

起初他只是盯着我，面无表情。但是他的眼神很快变得张力十足，他的肢体语言仿佛在对我尖叫道：你怎么敢这样和我说话？

但经过长时间的且意味深长的停顿，迈克尔说道：

"我一直想成为一名律师。就我记忆所及，我总是逢人就说我会成为一名律师。

"但我上高中的时候并没有把学习当回事。我觉得我能应付得来，因为每个人都说我是个聪明的孩子。

"是的。我内心深处也知道，如果我专心致志地学习，我会做得很好，但我从来没有这么做过。高中毕业时，我的成绩单显示出我并不努力。我知道我有麻烦了。我扭转局面的最后机会是在 SAT 考试中取得好成绩，这样我就可以进入一所很棒的大学或法学院，并最终成为我梦想成为的律师。

"但我知道，我不可能在短短几个月内学会我在高中四年里忽略的所有知识。然后一个机会来了，一个我无法放手的机会出现在了我的面前，有人偷了 SAT 试题，我利用这份试题提前做好正确答案，做好了准备。我的高分出乎所有人的意料，包括我自己在内。我感到羞愧和恐惧。当我被叫到校长办公室，被问及为何会考出如此优异的成绩时，我撒了一个大谎。"

他把目光从我身上移开，又过了一会儿，重新与我对视。"我从未告诉过任何人真相。"

我们沉默了一会儿，然后迈克尔恢复了镇静。"那天在校长办公室，我向自己保证，如果这次我侥幸逃脱，以后我就再也不说谎了。"

我看着迈克尔的骄傲慢慢回来了。"到现在已经超过 47 年了。我把这个承诺放在心上——我是一个诚实的人，我把永远说实话作为自己的职责。"

而横在他面前的是迈克尔的领导力差距。我们都能看到。

47年来,他一直在欺骗自己。

因为,你不拥有的东西,一直在限制着你。

迈克尔认为他已经接受了自己的谎言,但事实上,这种谎言多年来对他造成了巨大的伤害,他却并未发觉。

对迈克尔来说,说真话成了一个如此强烈的咒语,以至于妨碍了他与他人的交流。但最重要的是,他把说真话放在首位的方式造成了自己和他人之间的隔阂。因此,这种见解对他来说是完全反常的。

迈克尔总是抱怨自己被人误解。尽管他取得了种种成就,但他从未对自己的生活感到满意过。他害怕亲密的关系,和朋友保持着一定的距离,以确保他们永远不会发现他的秘密。他认为自己的高标准是令人钦佩的,但实际上,他始终保持警惕让他筋疲力尽,还与其他人日渐疏远。迈克尔非常害怕任何人发现他的轻率,所以他避免接近别人。与此同时,人们也不喜欢他,会谎称他对他们有积极的影响,这造成了破坏性的恶性循环。

在这豁然开朗的时刻过后,迈克尔说他很久以来第一次感觉良好。他没有意识到自己是如何压抑自己的过去,或者又是如何承受着这样的过去而前行的。

"我能看得出你并没有在批判我。"他说。

"是的。"我告诉他。

毕竟，我可不是为了纠正他才进行这种谈话的，但我不会让47年前的谎言再继续困扰他。我向迈克尔说明，没有人能达到他的标准——每个人都会在某个时刻撒谎。

接下来的一周，当我和迈克尔在我们的指导会议上见面时，我注意到他看起来比以往放松了。

"洛莉，我不知道为什么，但我感觉轻松多了。"他说，"我看到了以前没有看到的东西，和别人对话也轻松多了，而且也和别人建立起了联系，我能感到更加投入了。你到底对我做了什么？"

我向迈克尔解释说，他感到轻松的原因是，那些在我们生活中制造隔阂的秘密让我们感到沉重，就像我们背负的石头一样。"想象我递给你一个葡萄柚，"我告诉迈克尔，"然后让你把它放在某个地方，这样就没人会看到它了。一直拿着葡萄柚的艰苦努力是具有挑战性的，但把它藏起来则会更加困难。你的秘密同样令人难以承受。多年来，它制造了一个楔子——差距，即你是谁。"

"但是当你允许自己给别人看你的葡萄柚时，"我继续说，"它会减轻你的负担。它可以帮助你更加轻松、快乐以及彻底地解放自我。通过与我分享你的故事，你不仅放下了自己最大的负担，即现在你可以看到你所创造的差距，还可以利用这些知识来获得成功。"

我们并非只是自己所想的那样，我们所隐藏的东西也是自身的一部分。我们都有过令自己感到羞愧的事情，只是情况可能没有迈克尔忍受了47年这么严重罢了，但我们都有只能告诉自己的，并让我们感到脆弱、愤怒，甚至害怕的故事。这些都造成了我们的领导力差距。

一旦迈克尔从谎言中解脱出来，他就可以停止以强调说真话的方式来进行过度补偿了。他可以选择变得更具人情味和同情心——毕竟是人都会犯错。

我们一起努力让迈克尔学会接受自己所有美好的缺陷。仅仅一个月后，迈克尔就变成了一个更好的人、一位更伟大的领导者。这种变化对他的团队和公司中的每个成员来说，都是显而易见的。但最重要的是，迈克尔很感激，因为现在他可以变得前所未有的真实了。

真实是变得伟大的第一步。

作为人类，我们永远都不会很完美，但我们可以成为最佳版本的自己。成为最好的自己的方法是，认识到我们的领导力差距，并以新的方式运用我们的知识，最终步入使自己伟大的阶段。

而要做到这一步，重点在于了解我们是谁的两个方面——即为我们服务的一面和看似相同但对我们有害的一面。

作为领导者，我们每个人都必须正视自己的领导力差距，尤其在我们焦虑、沮丧或承受巨大压力时更应如此。

在我担任执行指导人员和顾问的这些年中，我发现这些基本事实是真实的：

我们都有能力成就自己。 每个人生来都有健康的情感系统，我们毫无畏惧，不知羞愧地来到这个世界上。我们不会去评判自己哪些部分是好的，哪些部分是坏的。相反，我们梦想着成就比自己更伟大的事情——我们有想法、思想、愿景和希望。我们中的一些人还有着比其他人更远大的理想，虽然我们都对自己有远大的愿景。直到在人生进行到某个阶段时，那些梦想才被冲淡了——也许是说你愚笨的老师，说你能做得更好的父母，嘲笑你的恶霸，说你资质不足的体育教练……不管是什么信息，你都听到了，并记在心里了。你把这些信息牢记于心，而正是因为如此，你才开始认为自己将无法成就伟业。

我们将差距内在化。 在我们学会应该过滤和保留什么信息之前，领导力的差距就已经产生了，我们接受了一切——包括每一个消极、挫败、悲观、愤世嫉俗、宿命论、不屑一顾的信息。

负面信息会造成隔阂。 一旦我们允许负面信息肆意增长，它们就有了自己的意志。我们开始弥补自身的黑暗面，即我们认为家人、朋友，最重要的是我们自身，都不能接受的黑暗面。我们学会了隐藏不想让任何人看到的东西，我们开始站在自己的阴影下。但我们并不孤单。未曾表达的恐惧、可怕的羞耻、令人痛苦的内疚——这些都是我们追求成功路上的绊脚石。

我们持有的秘密会造成我们与目标之间的差距。 当我们生活在差距中时，我们试图隐藏和否认那些部分，或者更糟糕的是，我们试图压制它们。我们的差距通常是由我们觉得太痛苦、尴尬或厌恶而无法接受的想法、情感和冲动组成的。因此，本应解决这一问题的我们所采取的办法是压制它们——并把它们封闭在潜意识的某个部分里，希望永远不要被人发现。但我们不明白的是，我们越是试图隐藏这一差距，这一差距就越大。想象一个充满空气的气球，当你挤压一边时，气球的另一边自然就会变大。而人亦如此。

冒名顶替者，缺乏安全感，因为他没有自信心，所以会扰乱你的思维。

剥削者，善于利用他得到的一切机会，这样你就不会知道他事实上是多么无助。

欺诈者，他怀疑每个人，因为他无法相信自己会说真话。

旁观者，因为太害怕而不够勇敢，因为太保守而不敢冒险，因为太谨慎而不敢表明立场。

破坏者是腐败的，他宁愿看着出色的创意消失，也不愿看见它们赢得荣誉。

清道夫傲慢自大，像是一名没有人信任的长期救助者。

唯利是图者自私自利，会将自己的需要摆在团队、企业或组织的利益之上。

意识到你的领导力差距，可能是促使你迈向伟大的第一步。

当我们被差距掌控时，就会认为自己已经输得体无完肤了。 我们的差距导致我们认为自己毫无价值、无能且不合格。它们愚弄我们，让我们认为自己无法实现所有我们想要达到的目标。但我们未能意识到的是，我们可以利用自身的弱点前往想去的位置。我们的差距并不会让我们迷失；这些原则和品质实际上能帮助我们找到自己的路。

我们只有发现领导力差距，正视自身缺点，才能成为真正伟大的领导者。

你必须了解领导力差距的两面。 没有坏就没有好，没有丑就看不到美，没有痛苦就感受不到幸福。你所有的所谓弱点都可以成为你最大的资产。讽刺的是，要理解你的弱点是你最大的优势，你必须接受你所知道的差距，以便利用它们。

要做到这一点，你必须停止伪装自我，你必须拥有真正的自己，即使这会让你非常不舒服，但是，如果你能站在领导力差距的边缘足够久，你就会发现自己是由许多相反的力量组成的——这是有意义的。一旦你接受了这一点，你就可以填补知识上的空白，迈向伟大。

相信自己能再次展现自身的伟大。 因为你的差距包含了你人生剧本中的关键特征，所以你的任务就是了解自身差距的分歧对立以及如何对它们进行整合。你的挑战是找出你认为是缺点部分的价值，并重新思考如何让它们为你所用。

孙子在《孙子兵法》中写道，需要站在敌人的角度上，才能知敌。就你的领导力差距而言，敌人是你内心的冲动，这也是你所不理解或不重视的。

如果你继续否认自身品质的构成,那么你就会离成功越来越远。但通过积极且有目标地重新整合你的差距,便可利用它们成为自己想成为的人,过自己应过的生活,并以自己应贡献的方式做出贡献。

接下来,本书会向你展示如何让你的内心生活更加丰富、更有意义、更加积极且带有目的性的一些见解。一旦你能理解并能识别这7个领导者原型,你就将有能力识别自己的领导力差距。你可以选择让差距变大或者推动自己利用它们,来帮助自己成就一番伟业。

不要让小小的一只纸老虎挡住你的去路。

第二章　反抗者

反抗者们看到了世间的错误后，
会竭尽所能地将其纠正过来。

朱丽叶·戈登·洛于1912年在美国创立了女童子军。很快，这一组织就引发了美国女孩们的共鸣，并广受欢迎。洛创立女童子军的初衷是为了培养女孩们的自立能力并增长她们的见识，让她们在准备扮演传统家庭角色的同时，也努力成为家庭以外的活跃公民。在人们期望妇女能够全身心地将自身奉献于传统家务之时，女童子军则在鼓励女孩们考虑涉足科学、商业和艺术等专业领域。

到1918年，女童子军的人数蹿升至3.4万人。1970年，这一数字达到了将近400万的峰值。但20世纪70年代同样也充满了挑战，到1980年，女童子军人数急剧下降，流失了差不多100万名成员。

对于新一代的女孩们来说，组织的目的不再明确，同时也缺乏吸引力。面对这种局面，组织需要寻求生存。女童子军迷失了自己的发展方向。

女童子军人数的急剧下降可归因于其未能及时跟上20世纪70年代社会剧烈且迅速的变革步伐。领导力专家萨莉·海格森将当时的女童子军描述为"一个古老且相对保守的机构，全部来自白人中产阶级家庭的女孩几乎都渴望赢得做家庭主妇或讲故事的徽章。"正如《从优秀到卓越》一书的作者吉姆·柯林斯所写的那样,"女童子军有走霍华德·约翰逊汽车餐厅老路的危险——后者是美国以前的一个经典标志,但随着人们的需求和品位改变,它逐渐被人们所忽视了。"

组织想要改变现状,通常的做法就是借助外力——从公司外部聘请一名新的首席执行官或最高执行官。然而,随着女童子军面临的威胁越来越严重,她们做的是提拔了一名自己人来担任这一最高职务,即一位名叫弗朗西斯·赫塞尔本的女性。

弗朗西斯·威拉德·理查兹成长于20世纪二三十年代,生于宾夕法尼亚州西部一座名叫约翰斯敦的煤矿小镇,她毕生的愿望就是成为一名好妻子、好母亲。后来,她嫁给了《约翰斯敦民主报》的编辑约翰·赫塞尔本并育有一子,生活美满幸福、家庭和谐安详,她还在学校教书,在教堂做志愿者。

有一天,弗朗西斯的一个熟人请她去领导一支当地的女童子军,弗朗西斯断然拒绝了。

弗朗西斯这样说:"我向她委婉地解释我拒绝的理由,我是一个小男孩的母亲,我对小女孩一无所知,但那位女性再一次找到了我。"

最后,她给我讲了一个悲伤的故事:"在第二长老会教堂的地下室里有30名10岁大的女童子军成员,因为她们的领袖去印度当传教士了，所以失去领袖的队伍将不得不解散。这难道不是个悲剧吗？"听完这个悲伤的故事后，我说："好吧，我只能临时帮你6周。在这期间，你要找到一个合适的候补人员。"

弗朗西斯回忆起与自己的新队伍疯狂的首次见面。"那是在一个周一的晚上，我走进了第二长老会教堂的地下室，那里有30个小女孩尖叫着跑来跑去。第一次也是最后一次，我举起手对她们说道："我就是你们的领袖！""

弗朗西斯的生活从那一刻起就发生了变化。

在弗朗西斯同意领导这支队伍6年后，她被选为当地女童子军委员会的新执行主任。多年来它饱受管理不善之苦，除此之外联合劝募威胁要与它断绝关系，使其处于潜在金融灾难的边缘。弗朗西斯弥合了其与联合劝募的裂痕，建立了良好的管理办法，还扭转了该委员会的局面，确保它在未来几年能够满足约翰斯敦女孩的需求。这一成功让弗朗西斯完全进入了这个全国性组织的视野，后来她被邀请申请国家执行主任一职。

弗朗西斯回忆道，她告诉丈夫约翰，"我给她们写了一封委婉的拒绝信，因为她们不是认真的。多年来，她们从未在组织内部雇佣过任何人担任其最高职位。这次也不会。"但是约翰坚持认为弗朗西斯至少先去和遴选委员会谈谈。在面试过程中，弗朗西斯被要求描述一下如果她成为执行董事，会创建什么样的组织。

"我将其描述为一场平静的革命。这是一个巨大社会变革的时代——人们不确定如何将女童子军的活动与女孩们的生活联系起来,尤其是那些来自市中心的女孩们。我们需要与时俱进,帮助女孩们发挥其最大潜能来服务她们的使命,除此之外,还须对世间的一切持有怀疑的态度。"

1976年7月4日,即美国独立两百周年的日子,弗朗西斯被正式任命为美国女童子军的执行长官。然后,她开始了一场引人注目的变革——有人将其称为革命——推动女童子军组织向前发展,接纳更加多样化的成员——渴望获得机会却一直被排斥在外的女孩们。

弗朗西斯把接纳所有女孩——不论种族和社会经济地位——以及促进包容性,作为女童子军的使命。弗朗西斯认为,每个女孩都应将自己视为女童子军的一员。她上任后做的第一件事就是重新审视原来的、还停留在20世纪50年代的《女童子军手册》。她大胆地将其摒弃,并出版了四本反映美国生活多样性的新手册(每本所针对的是不同年龄层的女孩)。弗朗西斯当时说道:"如果我是一个生活在保留地的纳瓦霍儿童,或是一个新来的越南儿童,又或是阿巴拉契亚农村的年轻女孩,当我能翻开《女童子军手册》时,就肯定能在里面找到自己。"编写新手册是为了强调女孩是可以获得新机会的,特别是在数学、科学和技术领域。

此外,弗朗西斯还重新思考了女童子军组织传统的、自上而下的层级结构,并创建了一个新的共享型领导结构——用弗朗西斯的话来说,这种结构以同心圆为代表,"它使人们免于被困在固有思维模式中"。萨莉·海格森认为,"这种新的'包容网络',正如后面将要描述的那样，促进了跨级别乃至跨部门的沟通，使团队能够跨过组织走到一起，并给予人们自己做决定的空间"。女童子军组织已经转变得反应更灵敏、更敏捷，还能够满足日益多样化的女孩和志愿者群体的需求，这些多元化体现在她们所来自的不同的群体上。

弗朗西斯·赫塞尔本对女童子军的重新思考带来了新的想法和创新，为该组织未来的发展奠定了坚实的基础。从 1985 年到 2005 年，女童子军的成员总数增长了 38%，达到了 380 万，并消除了弗朗西斯在接管该组织时所面对的经济赤字。

尽管弗朗西斯对这一点可能持否认态度，但她是名顶级的反抗者。她说过："我可不是反抗者，我只是个有信心去开门的人。我相信没有挑战，只有机遇。而能够开门就是一种机会。"

领导者的原型：反抗者

> 我反抗，故我们存在。
>
> ——阿尔贝·加缪

反抗者开始革命——但不是以你预期的方式。反抗者避免反叛和起义，他们是安静的战士，追求卓越的成就。他们克服巨大的障碍，拯救项目、团队或公司于水火。他们扪心自问："**我要如何才能突破极限？**"

反抗者是自我肯定且自信的人，他们以温和的破坏形式做出非凡的举动。

反抗者的力量来源于其自信和能力。他具备看出任何一个过程、一个团队、一个部门、一个组织或一个想法何时可以得以改进的能力；时机一到，他便能全力以赴，专注于实现必要的变革。 通常，这一过程是暗地里且平静地在幕后进行的，不需要大肆宣扬或赞誉。反抗者帮助其他人发现他们内心的自信——让他人加入到自己的事业中去，并从内部进行领导。

反抗者成功的关键：信心

> 我们要征服的不是高山，而是我们自己。
> ——埃德蒙·希拉里爵士

反抗者知道作为领导者，他们应擅长的方面，他们要有信心推动组织远超于现状。反抗者不一定会大声疾呼反对权威。反抗者可以拥有像弗朗西斯·赫塞尔本那样辉煌而平静的力量。

自信与吹嘘是截然不同的。它可不是来自对着镜子念诵咒语，或者在别人面前对自己吹嘘；自信是来自自己所具备的技能，以及清楚你有能力来完成的事情。

你掌握的技能越多，能力也就越强；你越有能力，你就越清楚自己有能力；最终，你会更加自信。

道理很简单，但我们的思考模式并不那么简单。通过对高层管理者的观察，我知道仅仅"发挥你的优势"是不够的。当然，你通常可以通过在你天生的才能上加倍努力来获取成果，但是，所有成功的专业人士都培养了一系列值得借鉴的特质——他们不会一遍又一遍地进行相同的游戏。

事实是，我们当中最成功的人——那些以艰苦的方式而获得成功的人——也是我们当中最有能力的人。

我们早就接受了自信等于成功这一观点；我们被经常引用的名句、博客、专栏和文章狂轰滥炸，那些东西告诉我们，我们成功所需要的只是开启个人自信的模式。然而事实可绝对不是这样。

在下列几个例子中，人们错误地认为其肯定会赋予他们成功所需的信心：

- 自信是你相信自己在内心所创造的东西。
- 成功的秘诀是信念。
- 如果你相信它，它就会发生。

商业心理学教授托马斯·查莫罗·普雷姆兹克认为："传记作者快速地将杰出人士的成功归因于他们巨大的信心级别，同时对他们的才华和辛勤工作在这之中起到的作用一笔带过，就好像随便一个人仅仅通过纯粹的自信就能取得非凡的成功。"

我们认为自信来得容易，但事实并非如此。

我们认为自信会给我们带来成功，但事实并非如此。

自信和能力结合在一起才能让领导者变得伟大。

企业家兼发明家埃隆·马斯克并不是单靠自信而成功地打造出特斯拉、SpaceX 和 SolarCity 等企业的。他通过将自己的自信与从大学物理和经济学研究中获得的能力相结合，才一举成功。结合他对自己公司所运行的事业——电动汽车、太空旅行、太阳能的坚定信念，马斯克非常愿意拿自己的名誉和金钱冒险。马斯克这样说道："如果某件事足够重要，即使机会对你不利，你还是应该去做。"

生物制药公司的创始人兼首席执行官基兰·马宗达·肖被广泛认为是印度最富有的女性。在她父亲拒绝支付她的医学院教育费用后，基兰决定成为一名酿酒师——这个工作被许多人认为是男人的专属领域。培训结束后，当她回到印度成为一名酿酒师时，她很快发现自己在这个行业中并不受欢迎。因此，她决定学习如何生产酶，并在她租来作为办公地点的车库里创办了一家新公司——Biocon。该公司不断发展壮大，扩展到医药和其他产品领域。如今，基兰·马宗达·肖创立的公司年收入已超过 4600 亿美元。

由 400 多家公司组成的维珍集团的创始人理查德·布兰森爵士在 16 岁时辍学，这在很大程度上是因为他有阅读障碍，使学习对他而言是一项不可战胜的挑战。然而，这并没有阻止他取得显著的商业成功。布兰森学会了和那些比他更擅长特定领域的人打交道，并利用了这一点。当你没有特定的技能时，你要学会雇佣那些有特定技能的人，在取得成功后会帮你建立自信。

在商业和生活中获得你想要的成功需要能力和自信。我确信，马斯克、基兰·马宗达·肖和布兰森都经历过自我怀疑的时期：布兰森的企业曾经破产，基兰曾被酿酒业拒之门外，马斯克的火箭也起过火。但是他们没有被失败或失败的可能性所击溃，而是一次又一次地再次上路。三个人都采取了自信的行动，并从失败中吸取了教训，重新调整了努力的方式，最终取得了成功。

自信是相信你可以。

能力就是清楚你可以。

反抗者的领导力差距：自我怀疑

不要让消极的想法进入你的头脑，因为它们是扼杀自信的杂草。

——李小龙

杰弗里是欧洲一家大型航空公司的首席执行官。对所有认识他的人来说，杰弗里是一名不折不扣的反抗者——不仅仅是今天，而是每天。他自信又能干，负责许多内外部工作。有时，身居高位所产生的压力对杰弗里来说非常难以承受，但他总能设法渡过难关，牢牢把握住公司的舵柄。但最近的一系列事故使媒体关注的焦点指向了杰弗里所在的公司。

几个月前，在我们见面的那天，杰弗里看起来前所未有地严肃和焦虑。我能看出他迫切需要和人聊聊，于是我问他怎么样了。

我的问题立刻触碰到了他的开关。杰弗里不想和我谈论他的近况——他心里想的远不止这些。他走近我,好像要告诉我一个秘密。我立即开始担心起来:杰弗里在公司的地位岌岌可危吗? 自从我们上次进行辅导以来,有什么事情发生吗? 董事会会放他走吗? 为什么我的学员的行为如此奇怪?

他凑过来小声说:"恐怕他们会发现我是个冒名顶替者。"

尽管杰弗里在组织中身居要职,他获得了来之不易的成功,与他交往的都是有权势的人,他不断地达成交易,积累了令人印象深刻的财富,但他还是被自我怀疑所困扰。他还是要直面自己的领导力差距。

"是哪一个方面的冒名顶替者呢?"我问他。

"所有的这些成功,"他告诉我,"我都配不上;所有这些财富,我也不值得拥有;所有的荣誉,我都无权享有。我和非常重要的人——聪明的人,比我更有能力的人——坐在一个房间里,有时我会问自己:'我在这里做什么? 我为什么在这里? 他们为什么要听我说?'他们比我更重要,他们比我更聪明、更好、更快、更智慧,然而他们却在听我下达指令,是我在领导他们。他们发现我配不上这个职位只是时间的问题。"

这不是我第一次在辅导中听到这样的忏悔了。这是一个常见的领导力差距:根据研究显示,99%的人在一生中至少有一次感觉自己像冒名顶替者。

"世界上99%的成功者,他们非常成功,并且已经到达了顶峰,就像你一样,"我说,"他们仍觉得自己像冒名顶替者。不然你以为'假装下去,直到你取得成功'这句话是从哪来的?"

他看着我问道:"真的吗?"

我点点头。"大多数和你一起工作的人都怀疑自己,我指导的许多有才华的领导人每天都怀疑自己的能力。他们的感觉和你一样,但他们永远不会向别人承认,因为他们非常害怕被暴露……就像你一样。"

非理性的自我怀疑——以冒名顶替者综合征的形式展现——让你溃不成军;不论你有何种经济背景或社会背景,身居何种领域或职位,又或是你具备怎样的才能或能力。对于高成就者来说,尤其是那些压制自己成为反抗者的能力的人来说,这一情况尤为困难。

具有讽刺意味的是,那些患有冒名顶替者综合征的人通常已经做了获取成功应做的一切。他们在学校中表现出色,获得了学位,推进了职业生涯,并通常已到达了组织的最顶层。

那么,为什么取得巨大成功的人会觉得自己是冒名顶替者呢?事实是,那些认为自己是冒名顶替者的人并不觉得自己真的有能力,或者自己应该取得成功。这种症状让他们相信,他们的成功是因为运气好,他们仅仅是在正确的时间出现在正确的地点罢了。这些人可能认同他们为自己所拥有的一切而努力地工作过,但他们却从未感到过他们已经证明了自己,也从未看到是他们的能力真正让他们获得了应得的成功。

- 我们都见过这种人。

医学专业的学生喝了几杯啤酒便向你坦白："我进医学院的唯一原因是我爸爸是一位著名的医生，我父母捐了很多钱给学校。"或者是女主管私下告诉你："我得到这份工作的唯一原因是他们需要填补女性的配额而已。"

我看到那些有充分的理由站在各个组织最高位置的男性和女性，这些优秀的人却无法克服阻碍他们取得伟大成就的领导力差距。他们背负着一个非常深刻和黑暗的秘密：他们不符合标准，也不如其他人能干。

他们从不相信自己的成功是因为自己本人具备何种能力。恐惧和怀疑是正常的，但是当你怀疑自己的能力时，就不可能会自信了。

如果你把过去的失败归因为你觉得自己像个冒名顶替者，那么你不是唯一这么认为的人。

大脑会尽其所能地保护我们远离真实的自我，认为这是正确的做法。我们在生活和工作中塑造成功所需的信心和能力的唯一方法是考虑大脑是如何运作的，以及我们的想法到底告诉了我们什么。

反抗者的领导力差距原型：冒名顶替者

> 正因为我们都是欺诈者，所以我们忍受着彼此的折磨。
> ——埃米尔·齐奥朗

冒名顶替者的原型呈现于各种不同的性格中，正是这些性格在我们的领导力中制造了差距，从而阻碍了我们实现伟大：

欺诈者认为他们不值得成功，他们是伪装者。欺诈者总是充满罪恶感，并为某事感到羞耻，他们不相信自己像大家认为的那么聪明，他们也不认为自己应该在自己的组织中获得最高职位，他们总是在想，"另一只鞋什么时候会掉下来？"

完美主义者认为任何不完美的结果都是令人沮丧的失败。这种信念削弱了他们的信心，使他们注定失败。世上没有绝对的、不变的完美——当你必须在每件事上都做到最好时，你注定任何事都做不好。完美主义者不会停下来，除非他们正在做的事情达到了完美，即使这意味着花费额外的时间和精力。

执行者有一份须完成的待办事项清单，除非所有事项一切顺利——这可能永远不会发生——否则他们就不会感觉良好。像完美主义者一样，他们坚持不懈地、完美地完成工作，否则他们便会觉得毫无价值。一个组织中的一个人不可能独自完成所有的工作，所以执行者便为失败做好了准备。

取悦者们会想："我足够好吗？ 我能为人们增加价值吗？ 如果

我做不到，那就一文不值。"最重要的是，取悦者认为人们不可能喜欢他们，所以他们会尽一切努力来博取人们的喜欢——做得更多，用功更多，贡献更多。当别人注意到时，他们就不会那么瞧不起自己了。

比较者无法停止提醒自己，有人比自己更聪明、更好、更快、更精干、更智慧。比较者生活在一个不断嫉妒他人的世界里，有苛刻和批判的倾向。为了避免引起注意，他们把聚光灯转向其他人，制造了一个安全的茧。在这样一种不健康的心态下，比较者的生活陷入了一个令人疲惫、永不满足的循环。

破坏者也是恐惧的代名词——不仅害怕失败，也害怕成功。每当遇上重要的时刻或正式的场合时，它们都会如影随形。他们非常害怕自己的伟大，为了保护自己免受失败和耻辱，他们会尽一切努力保持低调。这是错误的，这将具有令人难以置信的自毁性质。

利用内在的冒名顶替者

没有人会把对自己没有信心的人太当回事。

——拿破仑·希尔

当我们重新思考我们认为自己知道什么，改变我们看待自己的方式，并为我们的能力、天赋和努力工作找到一个强有力的理由时，我们就会有更多的机会去培养自信。

克服冒名顶替者的领导力差距要从打破自我怀疑的链条开始，理解冒名顶替者综合征是如何束缚我们的。但改变并不容易，尤其是当我们的生活模式已经存在了很长时间的时候，就更是如此。改变需要重新思考我们所知道的——陈旧且过时的思想、模式和信念，这些我们已经在头脑中保留了很长时间的东西，进而采用新的、更积极的思想、模式和信念。

如果你开展得很慢，比如一次只呈现一个消极的自我对话，我保证结果不会太糟。而这时，你可能会觉得巨大的负担已从你的肩上卸下来了。当你挑战自己的想法、模式和信仰时，你将学会如何不那么担心自己的疑虑，你会变得更加无畏和无防备，而不是充满焦虑和忧虑。

当这种情况发生时，你会觉得自己远不如冒名顶替者。自信可不是说出你能做的事，而是做自己知道能做的事。

以下是如何妥善利用你内心的冒名顶替者的几个办法：

不要拿自己和别人比较。 总会有比你做得更好的人围绕在你周围。每个人成功的故事不尽相同，你的也是独一无二的，因此不要总是关心别人的成就，而是多关注自己走了多远，努力在自己的领导力发展中自我提升。

提醒自己人无完人。 只有感觉像冒名顶替者的人才会认为他们需要完美，但成为完美主义者会让你不断受挫，因为这是不可能实现的。"完美"是不真实的，在任何情况下，你都不可能掌握这个无法实现的完美概念。如果你缺乏自信，而这让你觉得自己像个冒名顶替者，你就要意识到生活和工作中既有成功又有失败。提醒自己，即使是最成功的人，他们的生活中也有过失败——其中许多人失败过无数次。强调追求卓越——而不是完美——以及要将失败视为一个学习的机会和自己最伟大的老师。

列出你的成就。我们常常忽视自己已取得的成就，并把它们视为理所当然。衡量一下你的生活，并意识到你已经克服了许多障碍，并享受了巨大的成就。把你的胜利放在显而易见的地方，这样你就会经常得到提醒。许多人花更多的时间去凝视自己的失败，而非专注于自己的成功。每天提醒自己，哪些对你来说是对的事情，这样你就没有时间去想什么是错的了。

创建一个支持你的核心集团。通常，你才是自己最大的敌人，也是最后一个承认自己能力的人。这源于我们内心的想法，即谈论我们的成就是错误的，我们应该谦虚，否则我们会被认为是个自满的人。因此要创建一个核心集团——即你自己的粉丝俱乐部——来支援自己渡过难关。

当利用冒名顶替者的症状时，你可以将它作为培养信心的标志，成为有事业的反抗者。

在你成为反抗者之前，你必须重新思考什么是反抗。反抗者非常自信，但也可以成为一名温和的战士。

反抗者可以是执行助理，他对没有回应的老板感到沮丧，协调与公司副总裁的会面，协助制定一个带来变革的战略；也可以是为慈善事业筹款的团队的经理,他要求自己的团队成员不仅要考虑筹集资金,还要考虑成为其一部分;还可以是多年来一直倡导加强内部安全的保安人员,但他的想法一再被管理层忽视,所以他每周留出一些私人时间来教导员工安全的重要性。

你是不是开始寻求以安静的方式取得非凡的但却有意义的结果?你是否认为自己被纠正错误、解决棘手问题以及对周围世界产生持久影响的强烈愿望所驱使? 反抗者不寻求言过其实的赞誉,而是试图以有意义的方式做出贡献。

采取这些行动来克服你的领导力差距,成就你作为一名反抗者的伟大:

培养自我意识。自信的领导者是不可能总知道答案的。成为一名反抗者意味着坦然面对自己的能力和优缺点,不要低估或高估自己的能力。意识到自我怀疑的领导力差距,因为自信的最大敌人永远是你自己的不安全感。

评估你的技能。作为一名追求卓越的领导者,客观地识别自己的技能和能力,并不断努力提高自己的能力,成为自认为自己可以成为的人是至关重要的。

放弃完美。追求完美不会让你变得伟大。完美的人不是真实的,真实的人也不是完美的。成为一名伟大的领导者并不意味着要完美,仅仅意味着你能够忍受自己的不完美。

不要拿自己和别人比较。把自己和别人做比较并对自己持批评态度是没有任何益处的。和别人比较注定是一场永远不会赢的战斗。你寻求的伟大在于理解自己永远不会成为别人，别人也永远不会成为你。

学会适应。在现今的商业环境中，适应性是领导技能的一个重要因素。任何一天，你都可能需要与团队合作，也许下一个小时，你就要向董事会进行陈述，或者与不满的客户或顾客打交道。无论在什么情况下，适应能力、灵活性以及有信心和进行快速思考都是很关键的，伟大的领导者需要见机行事、随机应变。

当其他人失去力量时仍然保持强势。当事情变得最具挑战性时，伟大的领导者会依旧保持强势和自信。自信不仅能让你做出人们期望的一名强有力领导者所能做出的艰难决定，还能帮你消除周围人的疑虑。

要有驱动力。每个反抗者的核心都是相信自己能以有意义的方式做出贡献，并改变周围人的生活。反抗者寻求有价值的事业和机会来产生积极的影响。

以下是一些典型的伟大的反抗者

罗莎·帕克斯，黑人民权运动代表人物，她在公共汽车上拒绝为白人让座，自信地反抗制度化的种族歧视。

埃隆·马斯克承担了其他首席执行官不会考虑的风险。因此，他激励我们对一切重新思考，从驾驶的汽车，到如何为家庭供电，再到去太空旅行。

格洛丽亚·斯泰纳姆有信心质疑社会规范，挑战对妇女长期形成的期望。她的自信激励了数百万女性表达自己的想法，并挑战现状。

每个组织和公司都需要有信心且有能力的反抗者带领团队去到那些他们自己可能去不了的地方。成为一名伟大的反抗者首先要弥合你内心的领导力差距，克服自我怀疑，不要让你内心中形成的那些对自己的信念阻碍你实现那些能成功的事情。拥抱内心的反抗者，清楚你有资格也有能力；对自己负责，也对他人负责。作为一名具有反抗精神的领导者，鼓励你的团队中的每个成员去发现自己内心的反抗精神，并把这种反抗精神带到生活和工作中去。

你会在那里发现你的伟大——只需超越自我怀疑。坦然地表达出来吧！

在反抗者原型中认识自己

反抗者对一项事业充满信心，并愿意挑战现状，以拯救团队、公司和组织。反抗者愿意为比自己更伟大的事业挺身而出。

你是反抗者吗？问问自己下列问题：

- 你以什么方式抵制现状？

- 作为领导者,你的主要目标是什么?
- 是什么阻碍了你的自信?
- 你以什么样的方式维护自己的独立性?
- 你深信不疑,且愿意为之奋斗的东西都有什么?
- 你什么时候觉得自己像个冒名顶替者?
- 自我怀疑会困扰你吗?如果会,是在什么情况下?

第三章 探险家

> 探险家知道什么时候依靠自己的分析思维,
> 什么时候依靠自己的直觉思维。

2013年4月24日的早晨,和孟加拉国首都达卡的每个早晨一样。预报当天的高温接近40℃。天空朦朦胧胧,街道上充斥着人们匆忙前往当地企业和工厂工作时发出的纷乱嘈杂的噪声。达卡的拉纳广场建筑群就是其中一间工厂,正在为全球各个不同的公司生产一系列的廉价服装,包括贝纳通、乐蓬马歇、沃尔玛和其他公司。

上午8点45分,在没有任何提前通知的情况下,工厂停电了,随后五台发电机启动了,响声充斥着大楼。过了一会儿,发出一声爆炸巨响,八层楼高的建筑群倒塌,只有一楼完好无损,这摧毁了楼中的一切。据现场的消防员曼祖尔·阿赫桑说,这座建筑"像面包片一样堆叠在一起"。 另外,3000多人被困在废墟中——有人员伤亡,还有更多人重伤。

拉纳广场建筑群中共有1134名工人因大楼倒塌而死亡。

全世界有数百万人(其中85%是女性)在生产大量的服装,这些人通常生活在热气腾腾、拥挤不堪、不安全的工厂和家庭中。据业内估算表明,全球服装总产量的20%~60%是由家庭佣工完成的。根据记者露西·西格的说法,这些在家工作的人——通常在他们孩子的帮助下——正"弯腰驼背，缝合和刺绣全球衣橱里的服装……在贫民窟，一家人挤在一个小单间里。他们拿着专横的中间人给他们的服装业最低的工资，过着勉强糊口的日子"。

"人树"（people tree）品牌创始人兼首席执行官萨菲娅·米妮在英国长大，热爱设计、纺织品和纪实摄影。她的父亲(在萨菲亚7岁时去世)是毛里求斯人，母亲是瑞士人。她的祖母在很小的时候就接受了刺绣设计的培养，萨菲娅从她复杂的手工缝制作品中获得了灵感。她父亲的一本藏书——《人类大家庭》——激发了她对纪录片摄影的热爱。萨菲亚说："小时候，我很喜欢这本书。它把发展中国家的人们描绘成真正快乐和坚韧的人，而不是被践踏的人。"

十几岁时，萨菲娅在当地市场工作，她定期去慈善商店挑选衣服，"我17岁时，会把我在伦敦做第一份工作所得的微薄薪水花在别人不想要的衣服上，这拓宽了我在织物和印花方面的视野。"

1991年，萨菲亚·米妮就已经是一名探索者了，她在日本创立了"人树"，明确地表达了自身使命是颠覆全球服装业的商业模式。她看到了时尚对世界上最贫穷的人所进行的快速剥削和操纵，于是她决定去做些什么。萨菲娅对服装业造成如此多穷人受到伤害而感到不安，她建立了世界上第一家服装公司，保证在整个供应链中都实施公平贸易标准。比起剥削工人，"人树"致力于以保护人权和保护环境的方式做生意。萨菲娅说："我们坚定地致力于赋予穷人权利，保护环境，并改变我们赖以生存的世界。"

对萨菲娅·米妮来说，重新思考时尚行业激发了一种更加可持续、更有利可图、对生产它的工人更公平的新范式：慢时尚。据该公司称，"人树"从事的是一种不同的时尚行业，他们为顾客提供了快时尚的替代选择。对廉价服装和配饰贪得无厌的需求推动了快时尚产业的发展。从血汗工厂和童工到污染和全球变暖，快时尚都有毁灭性的影响。慢时尚意味着反抗剥削、家庭分离、贫民窟和污染——所有这些让快时尚成功的因素。

领导者的原型：探险家

如果你没有勇气告别海岸，就不能发现新的海洋。

——安德烈·纪德

萨菲娅·米妮是一个完美的探险家，她在直觉的驱使下创造新的范式。探险家是开拓者、拓荒者和寻求者，他们推动组织、社区和人类向前发展。他们对现状不满意，渴望永不停歇地寻找新的方法、新的解决方案和新的冒险。探险家用他们的直觉来探索已知事物的边界和界限。他们拒绝现状，只因为他们一直都是这样做的。他们会提问："我能发现什么？"

作为一名探险家，你痴迷于重新思考通常的做事方式。你质疑传统智慧，并被激励去重新评估流程和建立新的商业模式，以寻求创新和改进。探险家拒绝旧的、功能失调的方式，并倾向于采纳突破性的想法。如果你是一名探险家，你会被直觉所引导。你不断地思考和重新思考你所知道的，你本能地——几乎是自动地——知道该做什么，接下来会发生什么，以及事情将走向何方。

探险家成功的关键：直觉

知识有三个层次——观点、科学和启发。第一种手段是感觉，第二种是辩证法，第三种是直觉。最后一点是绝对知识，建立在意识与已知物体的同一性上。

——普罗提诺

探险家是凭直觉行事的——他们倾听自己内心的声音和本能，并利用所得到的知识做出决定。他们不再仅仅依赖理性的思维过程，而是用强劲的直觉来平衡自己的思维。探险家对人类、我们的组织、领导团队和社区的进步极其重要。探险家不断寻找方法来改变现状——无论问题的大小——他们想要改变人们的生活。

当一个人凭直觉知道某件事时，他能确信自己对此事的认知。这不仅仅是直觉，这是一种发自内心的认知，如果给予关注和信任，它会在思考、产生新的想法和创新以及决策方面变得有用。

直觉对不同的人意味着不同的事情。

有人称之为本能反应。

其他人称之为才能的迸发。

有人称之为突破。

直觉的语言精练，而且通常以命令的形式闪过你的头脑。

"我想要这个。"

"感觉不错。"

"我做不到。"

"感觉不对。"

仔细看看这些陈述，你注意到它们有什么特别的地方了吗？根据作家玛丽·古利特的说法，我们能识别出它们，是因为它们就是直觉。这些陈述简洁明了——通常只有五个——或更少。当你添加"因为"这个词的时候，你的思维已经从直觉转向逻辑和分析。它发生在一瞬间——非常之快，你甚至都没有注意到这一转变。

直觉不会让我们感到困惑，也不会让我们产生怀疑，它让人感觉清晰简洁。

直觉不会给我们理由，它不会告诉你为什么，在哪里，或者怎么做。

用我们的直觉做出的决定通常是没有计划的，也不会对任何特定结果有任何的态度和情感依附，但你就是知道该这么做，并且感觉这么做是对的。

直觉是基于经验的认知，深藏在大脑中，并且可以快速按需获得。尽管研究人员仍在继续寻找其运作模式的线索，但这确实是一种没有合理解释的了解事物的方式。

很明显,这些仓促的判断——灵光一现的判断——往往极其准确。当与我们的分析思维相结合时,由此产生的决定会改变世界。以下是培养直觉的方法:

答案是智慧的回报。学习是永无止境的。你学得越多,你知道得就越多;你积累的智慧就越多,答案对你来说就越显而易见。

你必须全副武装。探险家的本质是积累丰富的技能,这样当你遇到问题时,你的解决方案才会迅速、立刻、果断地出现在你的脑海中。

相信你内心的感觉。直觉,或者说你的直觉,是你无处不在的第六感——和标准的五感一样重要。直觉告诉你如何进行自我交流,并将信息从潜意识转移到有意识的头脑中。

了解你的专长。评估你有能力做什么,以及要完成工作的话还需要学习什么。能洞悉内情,知道什么时候采取行动,什么时候按兵不动。

采取果断行动。探险家毫无疑问地信任自己。他们依靠直觉采取行动。当你的直觉很强烈的时候,就要果断地跟随它。

探险家的领导力差距:操纵

有些人的主要能力是旋转操纵轮。这是他们的第二层皮肤,没有这些旋转的轮子,他们根本不知道如何工作。

—— C. 乔贝尔

作为一名顾问,我经常被要求与组织和公司一起制定商业战略。这些战略是在研讨会上制定的,参与者们会承担具体的战略任务,旨在为业务带来改变。他们还负责创建详细的实施方针,高效且有效地管理组织内的变更流程,并根据相关指标衡量进度,同时建立组织间的一致性。

这些研讨会通常聚集组织中最重要的人——包括领导团队,有时还包括运营人员、财务人员、人力资源管理者和信息技术人员——在紧张的会议中一起工作。

这些战略会议要求很高,作为一名顾问,我被雇来负责提出一些棘手的问题并获得正确的答案。我参与过的每个组织制定战略的过程都是不同的,我已经学会了对这个过程保持耐心。最终,它总是成功的。

有一家公司的研讨会就开得尤其困难,该公司是一家世人皆知的大型制药跨国公司。

会议地点是落基山脉山麓的一个大型会议中心。那里空气清新、环境安静,我们特意关掉智能手机和笔记本电脑,这样我们就可以全力以赴地解决面前的问题。

在研讨会的第一天,对话很激烈,双方针锋相对,有来有往。这个团体内部几乎没有一致意见,没有人能就推进的最佳方式达成一致。该公司的首席执行官奥斯卡只想谈谈数字,且表现得很坚决。

作为研讨会的主持人,我负责与团队一起创建战略计划的要素。第二天有更多艰难的对话,当对话接近尾声时,我回顾了我们的进展(或缺乏进展),并很快清楚了这个团队最后的走向。

奥斯卡是一位功能失调的首席执行官,他确信自己比别人更清楚现状,于是采用操纵这一方式来得到他自己想要的结果。他忽略了让他的员工感到自己举足轻重的必要性,也没有给他们制定有效战略所需的愿景和指导方针。我知道,这里存在着巨大的领导力差距,如果我们继续沿着这条路走下去,我们就必定会失败。我不得不说服他大幅度地改变他的方法。

鉴于奥斯卡对分析、数据和数字等硬性现实的偏好,他可能不会轻易接受我给出的任何软性建议。奥斯卡的职业生涯一直呈上升趋势——从他大学时的暑期实习开始,然后一步步地以他自己的方式往上爬。他总是很确定自己想要什么,想要怎么做,今天早上也没什么不同。

"让我们把这事搞定,"他说,"我们只需要像以前那样——毕竟它去年就奏效了。"

"我们不能。"我说。

"为什么不能?"奥斯卡问道。

"因为你们大多数人都很努力——不，他们真的很努力。"我回答。"但去年，他们从你那里得到的唯一明确的方向就是赚更多的钱。这在今年行不通。去年你很幸运，但今年你就不会这么幸运了。你的员工希望你给他们更多的指导。"

"事情是在变化的，"我继续说道，"市场更加动荡，客户更加挑剔，全球化将推动这一组织更快地发展。你必须把这一切都考虑在内——你不能只是告诉你的员工赚更多的钱，并期望他们确切地理解他们自己应该做什么。"

"这会起作用的，"他说，"它总是有效的——只是个加法问题。"

"这并不总是和数字有关，"我告诉他，"在你的组织中，有更多的可变因素在发挥作用——尤其是你的员工的所有需求。"

但首席执行官的想法依然坚定，我继续敦促他重新思考自己的位置。我指出了他的领导力差距，我没有退缩。

"也许你不知道结果可以变得更好，"我大胆地说，"如果你继续做你所做的，但是以更多的方向来进行，那么你的员工今年会表现得更好。你不想看看吗？"

奥斯卡也没打算退缩。"数字总是管用的。"他说。

"创建一个成功的组织并不总是重复做你去年做过的事情，也不总是运用你的理性思维,"我解释道,"分析中并不是所有的东西都存在。你必须把一切都考虑进去——你的员工、你的过程、你的实践。你必须给你的员工一些他们能抓住的东西。你现在的做法是不会起作用的。"

奥斯卡还没来得及反驳,我就提了一个建议。"把团队的其他人带进来,"我说,"但这次不要操纵谈话,也不要利用你的领导地位,让我们看看他们怎么说。事实上,这也是旨在鼓励他们对其他选择的探索。"

奥斯卡半信半疑地同意了我的建议,但这足以让我向他证明我的观点了。

很快,所有的参与者都到了,并在房间里就座。这是我们的最后一天,这几天大家都精神紧张,每个人都筋疲力尽。我站在房间前问道:"大家对我们在本周会议中制定的战略有什么看法?"

大家异口同声地点了点头,同意这是一个好主意。

然后我问:"如果你能停止思考自己的战略,转而探索这一战略带给你们的感受,那么你会改变什么?"

每个人都很安静,偷偷看着他们的领袖奥斯卡,试图得到一些方向性的指引。他们如此习惯奥斯卡的领导方式——或者说是领导力缺失——以至于他们都不敢说出来。

我告诉他们，我们需要重新思考这个战略，以确保它不仅有意义，而且能让大家感觉是对的。这个战略要能为公司、团队、一起共事的同事带回一些东西，并能促进目标的达成。

我又问了一遍："这个战略给你们什么感觉？"

我直视奥斯卡，说："让我们从你开始。感觉如何？"

"这感觉不对。"他带着坚定而严肃地说——让房间里的每个人都知道这是他的真实感受。

这为其他员工打开了闸门。当我在房间里走来走去的时候，领导团队的回答从"它没有能量""它没有心脏""它没有参与"，到"这一切都很合理，但也许不可能实现"。

每个人说话时，我都点头表示同意。然后，我走到巨大的白板前，上面装满了我们那周会议上提出的信息、公式和战略。

我一举抹去了所有的一切。

当我转过身，我看到了他们震惊，甚至恐慌的脸庞。

但后来我说："现在让我们一起努力，探索那些直觉告诉你们的正确的东西。"

在接下来的六个半小时里，我们几乎没有休息地、狂热地朝着感觉正确的方向工作着。我们谈论了人、参与度和战略，但这次是用心的。

最后，我看了看我们一起做的新工作，再次问首席执行官和他的团队："感觉如何？"

"太好了！"大家齐声喊道。

这群非常聪明的男男女女立刻明白了，成功有时需要直觉。更重要的是，理性的想法有时会把你引上错误的道路。在这种情况下，我邀请团队相信他们的直觉。最终，他们制定的战略被证明是适合公司的。

探险家的领导力差距原型：剥削者

最成功的剥削者是那些让别人觉得他或她把大家的最大利益放在心上的人。

——兰德尔·柯林斯

探险家原型的领导力差距是倾向于利用直觉操纵他人以获得控制权。当领导者不允许手下的员工为自己着想时，当他们进行细节管理或变得有控制欲时，他们就是在用操纵手段来领导他人。

他们就这样成了剥削者。

剥削者甚至不能从最有才华的团队中获益，因为像奥斯卡那样的领导者，他们会告诉自己的员工该想什么、做什么以及如何去做。如果一个人觉得自己不能和自己的老板说话，展示自己的才华，或者不能被视为组织的贡献者,这个人就会感到被操纵和被剥削。

不幸的是,剥削者并不少见——在许多组织中,你会听到领导者告诉他们的员工,"照我的方式做,否则你就出局"!

控制欲强、剥削性强的领导人能很容易被认出来:

他们自称是专家。 剥削者不是真正的专家,而是利用信息来迷惑他人。他会喋喋不休地讲述事实或传递团队成员无法理解的深奥信息。剥削者试图用自己的知识压倒他人,当团队感到无能为力时,他就成功了。

他们隐瞒信息。 信息就是权力,剥削者通过控制信息来巩固自己的权力。他隐瞒信息是为了让别人感到不安全、不自信。这是一场争夺控制权的游戏,如果遭到挑战,剥削者会声称其他人不需要或不应该拥有某些信息。

他们善变。 尽管剥削者大部分时间可能会表现得愉快,有时甚至很友善,但如果他被激怒或感到失望了,愤怒就会被释放出来。剥削者是不亮出底牌的,也不清楚是哪种个性会做出反应——好的一面还是害怕的一面。剥削者喜欢别人蹑手蹑脚地围着他们,营造出既害怕又顺从的氛围。

他们会发出威胁。 因为剥削者通过操纵来引导他人,通过使用微妙的权力或不当的威胁来说服他人。他可能会大喊、批评或威胁人们采取他想要的行动。剥削者通常使用诸如"如果你不这样做,我会＿＿＿"或"直到你＿＿＿"之类的术语，而这是一种用于控制的操纵策略。

避免成为剥削者：专注于能带来价值的东西，同时小心不要破坏你认为有价值的东西。当你领导他人时，要继续保持对自己的清楚认知。

利用内在的剥削者

领导者信任他们的勇气。"直觉"是那些受到恶评的好词之一。出于某种原因，直觉已经成为一个"软弱"的概念。直觉可是新物理学。这是一个用来做出艰难决定的爱因斯坦式的、第七感的、务实的方式。

——汤姆·彼得斯

缩小探险家和剥削者之间的领导力差距，首先要认识到直觉和操纵之间的细微差别。直觉让事情对别人更好，而操纵总是让事情对自己更好。

20世纪盛行的领导风格主张控制结果、行使权力和操纵后果。但现在是时候重新思考这种方法了，因为操纵在我们内部以及我们和周围的人之间制造了隔阂。在竞争激烈、快节奏的现代商业世界中，团队必须有效协作才能获得优势。

管理顾问格兰维尔·图古德在其著作《创意执行官》中描述了《华尔街日报》记者小托马斯·佩金格尔是如何看待商业的未来的：

佩金格尔认为，在下一个经济体中，成功的公司将更像是自然发展和相互合作成长的有机体，而不是走向严格工作规则的人类发明的等级机器——扼杀新奇事物，更多地利用员工，而不是凭借自身的力量作为有创造力和聪明的人。

佩金格尔曾经预测的未来就是现在。领导者必须改造旧的、等级森严的领导方式——"我说了算"的方式，以使团队发展得更好。剥削性的领导者通过强有力的操纵破坏合作。在今天，组织中的每个人都必须利用所有可用的优势——企业的未来也是取决于此。具体方法如下：

不要利用人们的弱点。 不要掠夺弱者，寻找赞美他人的方法。你最不想做的事就是利用为你做得最多的人。任何利用他人弱点的人，都配不上这个人的优点。

不要利用人们的弱点来对付他们。 每个人都有一个弱点、一个内在的差距。弱点通常是不安全感，或者无法控制的情绪或需求。大多数时候，人们对自己的弱点感到羞耻，并试图保守秘密。当你利用别人的弱点来对付他们时，那是因为他们让你想到了自己的弱点。所以，当你内心深处感到不满足时，不要贬低别人。任何让你烦恼的事情都是来给你一个教训的。任何让你生气的事情都是为了教会你同情——不仅是为了别人，也是为了你自己。

不要为了自己的利益而让别人放弃一些东西。 剥削者总是有计划的，但他不知道的是，对大多数人来说，这很容易被发现，大多数人不会容忍它。如果你不明白为什么你周围没有一群尊重你、信任你、忠于你的人时，也许是你的剥削造成的。

言出必行。记住剥削者经常会说你想听的话，但这并不意味着他说的是真心的。剥削者对能够控制他人感到满意，但这种权力永远不会持久。如果你希望你周围的人尊重和信任你，就要首先注意你说的话。当你做出承诺时，要信守承诺。当你说你要做某事时，就要真的去做。

当你掌控了自己想要操纵和剥削他人的部分时，你就迈出了利用领导力差距的第一步。

成为探险家的领导者

我们全部都是创造者，每次发现之旅都有专属的探索航图指引，没有可以复制的航迹。世界充满了机遇，并等待我们去叩开无数成功之门。

——拉尔夫·沃尔多·爱默生

克服了领导力差距并成为伟大领袖的探险家已经学会了什么时候依靠自己的分析思维，什么时候依靠自己的直觉思维。在任何特定的情况下，两种本能都是强大的，并都提供了有价值的方向。直觉型领导者是他所在组织的宝贵财富。洞察力和知识有它们的位置，但是伟大的领导者对自己的直觉很满意，并以此为导向。

直觉的概念虽然对许多人来说是古老而神秘的，但从一开始就始终是关键决策的来源。随着直觉在领导和管理领域取得进展，它继续吸引着研究人员。支持直觉在思维中的重要性的论点在当代研究中广泛存在。

许多人认为直觉是第六感。简而言之，直觉是我们潜意识与意识交流的过程。虽然交流来自内心，但我们不一定信任它。根据心理学家加里·克莱因的说法，"直觉是我们所有人力量的重要来源。然而，我们很难以这种方式观察自己，当别人要求我们为自己辩护时，我们肯定很难解释自己判断的依据。"

世界各地的成功领导者都会探索和展示自己的直觉，然而它在当今的组织中几乎都无法构成一个话题。领导者很少讨论他们的第六感或者直觉——也许是因为在他们的同龄人看来，这是一种不科学或不合逻辑的管理方法。运用直觉可能显得软弱，没有一名领导者想在别人面前显得软弱。但是通过我的培训，领导者和组织已经开始意识到直觉的价值，他们努力提高直觉思维能力。直觉能够促成更大的成功和更高的利润、更好的决策，以及更可持续的创新和服务水平。

大多数领导者和管理者被训练去思考的过程是分析性的、逻辑性的、充满理性的，但是有时候，分析和逻辑是不够的，领导者必须重新思考自己所知道的信息。当问题变得过于复杂时，或者当左半脑(逻辑一侧)没有足够的信息来推动解决方案时，探险家领导者便会使用自己的直觉。在理想情况下，右半脑(视觉和创造力的一侧)和左半脑会相互协调工作来解决问题。

用管理思想领袖彼得·德鲁克的话说就是：

当处理商业问题时，不要试图想出答案……关注问题所在……如果你对正确的问题得到了错误的答案，你通常是有机会解决它的……但是如果你对错误的问题得到了正确的答案，你就完蛋了……而商业问题在这方面做得太多了。

北卡罗来纳大学威尔明顿分校管理学教授斯蒂芬·哈珀这样说道：

"由于直觉型高管在做出判断方面的经验，他们有勇气驶向未知的水域。大多数经理不愿意做出决定——即使必须做出决定——因为他们没有足够多的数据或先前的先例。然而，直觉型的执行者会毫不犹豫，他将利用自己的知识寻找方向和行动。"

跟随或忽视我们的直觉总是一个有目的的选择。成为一名探险家需要信任和坚韧的品质。下面是探险家型领导者的其他定义特征：

创新大师。探险家型领导者渴望尝试在旧地方发现新事物的冒险。他愿意进行危险、困难或独特的旅行，主要目的是扰乱事物。

远见的天赋。探险家型领导者有预见新现实的独特能力，并且觉得有必要向世界传播自己的想法。他有强烈、仔细和彻底研究的自律意识；他通过阅读、学习和与人交谈来进行创造。

自信的力量。探险家型领导者相信自己能有所作为，并被驱使着去实现这一点。如果别人批评他的计划是妄想、疯狂、不可能或愚蠢时，他反而会变得更加自信。探险家型领导者自信地将自己推向全新的、令人兴奋的地方——并将自己的公司、团队或组织也推向新的领域。

说服的能力。 探险家型领导者对自己的想法有着极大的热情，并学会如何向他人推销自己的愿景。他努力完善自己的表达技巧，无论正式与否。探险家是获得支持的技能大师。

果断的能力。 每位领导者有时都需要快速做出决定。探险家型领导者就有这样的优势——强大的直觉。他不怕在未统计数字的情况下就迅速做出承诺；他很乐意依靠自己能收集到的有限数据，相信自己的直觉来做出决定。换句话说，探险家型领导者全凭直觉领导。

理性的平衡。 有时，理性思维可能会使你的分析陷入瘫痪，会阻碍直觉，过于注重完美，突出恐惧，阻碍新的学习。这时，理性思维就成为一个障碍。探险家型领导者不会强迫自己禁锢自己的思想，他任其自由发挥，以揭示自己已经知道的东西。

准备的精髓。 探险家型领导者会在情绪上、身体上和精神上保持比赛当天的体能。他有能力抵挡那些会击倒他并质疑他的愿景的人，尤其是那些拒绝跟随直觉的人。探险家型领导者明白，他的伟大不会来自于做别人正在做的事情，而将来自于做他认为正确的事情，即超越过去的界限。

伟大的探险家型领导者

杰夫·贝佐斯对于互联网的潜力和零售业的未来有着强大的洞察力。现在，他正在向最后的前沿——太空——前进。

萨拉·布雷克里创造的不仅仅是一个产品（女式内衣），还创造了一个机会，一个甚至连女性都不知道是否存在的问题的解决方案。现在，她成了白手起家的亿万富翁。

尼尔·德格拉斯·泰森是美国天体物理学家，海登天文馆馆长。作为一名真正的太空和黑洞探险家，他凭直觉改变了公众科普的方式。

直觉是一种宝贵的商业和领导技能，只有少数有天赋的领导者知道如何毫不费力地利用它。然而，我们都有直觉，而这只是一个认识它、开发它、学会使用它和依赖它感到舒适的问题。在一个不确定性的世界里，拥有完全可靠的东西是一笔不可思议的财富。当领导者学会利用自己的直觉，并将其应用于决策时，他们甚至可以解决最大且最为棘手的问题。

开明的执行官和直觉型领导者在解决复杂问题时，通常会依靠直觉——当逻辑不处于正确的方向上时。有些领导者会运用自己的直觉，而有些领导者只会运用自己的逻辑和分析思维。

最好的领导者也是优秀的探险家。

探险家直觉的语言是来自内心简洁而持久的命令：

直觉是你的内在指南，它把理智放在一边。有人说直觉是灵魂的语言；其他人认为这是人的心脏；其他人相信这是你的真实想法。无论你如何定义或体验它，不可否认的是，直觉是领导力和我们生活不可分割的一部分。

每个人都知道为有价值的东西而奋斗是什么感觉。正是我们的动力让我们渴望为自己和世界带来更好的东西。我们希望我们社会的不公平问题和世界的不公平问题能够得到真正的关注。我们所有人——我们企业中的所有探险家——都需要运用我们的直觉，知道什么是对的，什么是正义的，什么能为人类创造一个更美好的未来。

我们需要世界上的探险家——即那些知道如何让我们重新思考自我的人们。

为了消除贫困、疾病和无知，我们需要探险家。

为了消除官僚主义和无效的组织设计，我们需要探险家。

为了摒弃傲慢、自负，我们需要探险家。

我们必须相信自己的直觉，招募、鼓励和提升有直觉洞察力的领导者。当涉及决策、创造力和创新时，这种洞察力在组织中是强制性的。我们的客户要求我们提供直观的洞察力；我们的客户知道这一点；我们的消费者会为此支付额外的费用。

如果你寻求伟大，你就需要探险家的思维和直觉。

在探险家原型中认识自己

探险家是凭借直觉思考的，用一种令人信服的方式去揭示人的本质，同时包括他自己，并用他的直觉做决定和采取行动。

你是探险家吗？ 问自己以下问题：

- 作为领导者，你会探索哪些方式？
- 你有何种方式的直觉？
- 你相信自己的直觉吗？为什么相信或者为什么不相信？
- 你如何利用你的直觉？
- 你用什么方式利用操纵来获得你想要的？
- 你是基于你的直觉，还是经过彻底的分析——或者两者兼而有之——来评估决策和情况的？这些不同的方法是如何影响你的决定的？

第四章　说真话者

> 说真话者被真诚地帮助他人的欲望所驱使,
> 当他们真诚地为他人服务时,
> 就会勇敢地说出自己的想法,
> 哪怕这会对他人有所冒犯。

对许多人来说，橄榄球已经取代棒球成为美国人最喜爱的运动。但事实上，它远不止如此。橄榄球——特别是美国国家橄榄球联盟（NFL）——是一桩非常庞大的生意。据估计，NFL每年的总收入超过100亿美元，其中的25支球队的价值至少在10亿美元以上。最近有一年，超过1700万名球迷前往现场观看NFL的比赛——平均每张门票为84美元——同时还有两亿名球迷会通过电视观看比赛。作为NFL的总裁，罗杰·古德尔的年收入为4400万美元，超过了所有其他体育联盟的总裁和大多数公司的首席执行官。

所以，可以理解的是，NFL对任何有可能威胁到这一摇钱树的事——或者人——都会表现得极其敏感，鉴于球队所有者和联盟领导高层从中获取了巨大的利益。

2002年9月24日，NFL的匹兹堡钢人队和堪萨斯城酋长队的前中锋，迈克·韦伯斯特去世了，享年50岁，而他的职业生涯长达17年。许多人认为迈克是NFL历史上最好的中锋，他曾获得4次超级碗冠军，参加过9次职业橄榄球赛和7次全职业橄榄球赛，并且还是全美橄榄球联盟职业橄榄球名人堂中的一员。在漫长的职业生涯中，他还忍受了约 25000 次与其他球员的暴力冲突。可以确定的是，迈克·韦伯斯特在去世时患有各种身体疾病和精神疾病，其中包括骨骼和肌肉疼痛、健忘症、阿尔茨海默病和抑郁症。他对处方止痛药和利他林成瘾，且一贫如洗、无家可归，还与妻子离了婚。他在死之前曾经在一辆皮卡车里住了一段时间——靠薯片和山核桃面包卷为生。

迈克·韦伯斯特死后，他的尸体立刻被带到匹兹堡阿勒格尼县验尸官办公室进行例行尸检，以确定死因。法医病理学家贝内特·奥马鲁被指派进行尸检。奥马鲁博士生于 1968 年，1994 年从尼日利亚移民到美国，在华盛顿大学靠助学金完成了流行病学专业的学习。

据《华盛顿邮报》报道："有许多关于韦伯斯特之死的报道(死因尚未公布)，电视节目对于韦伯斯特将及其智力的冷嘲热讽让奥马鲁感到了震惊。奥马鲁想知道，韦伯斯特是否患有拳击性痴呆症，或者拳击手脑病综合征——这是拳击运动员经常会遭受的一种病症，因为他们从事的运动不可避免地会让头部遭受反复的击打。这种情况会导致记忆力丧失、精神错乱、眩晕、语言障碍、颤抖等问题。

然而，当奥马鲁博士取出迈克·韦伯斯特的大脑进行检查时，他惊讶地发现——至少在表面上——它看起来是完全正常的，没有拳击性痴呆症患者明显的挫伤。这一情况让这位训练有素的神经病理学家感到了困惑，他确信一定有某种机制在起作用，从而导致了这位橄榄球巨星严重的精神衰退。所以他决定仔细观察这位橄榄球运动员的大脑。奥马鲁自费对脑组织进行切片，并通过显微镜进行观察。透过显微镜镜片，他看到了让他吃惊的事情：异常 Tau 蛋白的红色斑点，这是大脑反复受到打击的结果。奥马鲁回忆道："我必须确保这些切片是迈克·韦伯斯特的。于是我又确认了一遍。我看到了不应该出现在 50 岁人大脑中的变化，也看到了不应该出现在正常的大脑中的变化。"

出于对其他职业橄榄球运动员健康潜在影响的担忧，奥马鲁于 2005 年 7 月在医学期刊《神经外科》上发表了一篇关于他的发现的论文。在这篇文章中，奥马鲁将他发现的慢性创伤性脑部病变称为"CTE 病症"。他确信美国国家橄榄球联盟会张开双臂欣然接受他的发现，并用它们来"解决问题"。但是贝内特·奥马鲁博士错了。

相反，美国国家橄榄球联盟开始了一场激烈的运动来掩盖这些发现——驳斥橄榄球比赛和 CTE 病症之间的任何联系，并竭尽全力诋毁奥马鲁博士。奥马鲁的论文发表后不久，美国国家橄榄球联盟的三名医生——艾拉·卡森，埃利奥特·佩尔曼和大卫·维亚诺——要求《神经外科》撤回奥马鲁的论文。在给编辑的信中，国家橄榄球联盟聘请的医生说，"这些声明是基于对相关医学文献的完全误解……奥马鲁等人对慢性创伤性脑部病变的描述是完全错误的。"而该期刊则拒绝撤销该论文。

与此同时，奥马鲁博士被指派对一名备受瞩目的橄榄球运动员进行另一次尸检——这次是前匹兹堡钢人队后卫特里·朗，他在 45 岁时自杀，他的症状此前与迈克·韦伯斯特的症状几乎相同：他也有记忆力丧失、抑郁症和精神疾病方面的问题，一贫如洗，独自生活。当奥马鲁博士检查特里·朗的大脑样本时，发现了同样异常的 Tau 蛋白红色斑点，即 CTE 病症。奥马鲁博士在《神经外科》发表了另一篇论文——是基于他在特里·朗一案中的发现所写的。

这时，CTE 病症和职业橄榄球运动员的问题已经引起了媒体的关注，奥马鲁博士被推到了风口浪尖。当记者向美国国家橄榄球联盟（NFL）询问奥马鲁博士的发现时，对方的反应非常迅速——且态度是持否定的。"荒谬……这可不是正当科学……纯粹是投机。"有朋友警告奥马鲁博士，说如果他将发现的真相公布于众，就是在把自己置于危险之中。"你正在向世界上最强大的组织挑战，"有人这样告诉奥马鲁博士。"可能还有其他事情是你不知道的。小心！"奥马鲁博士的父亲从尼日利亚给他打电话，担心他的儿子会出什么事。"别再蹚浑水了，贝内特。我听说过 NFL 的一些不好的事情，它非常强大，有些人可不是省油的灯！"

尽管有外界压力要求他不要再继续，但贝内特·奥马鲁博士坚持实话实说。他检查了另外两名备受瞩目的橄榄球运动员的大脑——费城鹰队前安全卫安德烈·沃特斯和匹兹堡钢人队前前锋贾斯汀·斯特泽尔奇克。结果是一样的：即 CTE 病症。

2007 年，随着媒体施加的压力持续增长，美国国家橄榄球联盟委员罗杰·古德召开了一次脑震荡峰会。应邀参加会议的有来自每个橄榄球队的医生和教练，还有一些科学家。值得注意的是，贝内特·奥马鲁博士没有出现在这些科学家中，他当时已经成为全美橄榄球联盟眼中的头号公敌。神经外科医生朱利安·贝利对这种情况发表了评论:"他们反对他,将他拒之门外,忽视他。他是那个告发者。"

电影《震荡效应》的导演彼得·兰德斯曼讲述了奥马鲁博士寻求让公众关注(CTE)病症真相的故事,根据他的说法,美国橄榄球联盟及其盟友以各种方式威胁奥马鲁及其家人——试图让他闭嘴。"贝内特被人跟踪,"兰德斯曼说,"他经常被人跟踪。他去停车场开车,结果发现他的四个车轮胎都被扎破了。这种事情就发生了很多次。他害怕会被驱逐出境,而他基本上是被追着赶出匹兹堡的。"

最终,奥马鲁博士被迫辞去了在阿勒格尼县法医办公室的职位,去了别的地方谋求职位——他最后接受了加州中谷地区圣华金县首席法医的工作。

奥马鲁博士的职业生涯被彻底毁了,他的职业声誉遭到玷污,个人生活也支离破碎。 所有这些都是因为美国国家橄榄球联盟,比起那些生活被 CTE 毁掉的老橄榄球运动员,联盟更关心的是自己的利益。用奥马鲁的话来说就是:"我太天真了。有时候我真希望我从没有看过迈克·韦伯斯特的大脑,它把我拖入了我不想卷入的世俗事务,人类的卑鄙、邪恶和自私。人们试图掩盖,以控制信息是如何发布的。我一开始并不知道自己踩到了雷区。"

然而,奥马鲁博士继续贯彻他实话实说的作风。他把自己的正直归功于患有这种可怕疾病的职业橄榄球运动员,以及他们的家人。

2013 年,美国国家橄榄球联盟与 4000 多名前橄榄球运动员签订了一项金额高达 7.65 亿美元的和解协议,这 4000 多名前运动员因联盟隐瞒脑震荡的危险性和过快让受伤的球员重返赛场而加入了对联盟的集体诉讼。2015年，美国联邦法官批准了该和解协议。美国国家橄榄球联盟同意和解，承认在脑震荡事件中没有不当行为。根据美国国家橄榄球联盟执行副主席杰弗里·帕斯的说法，"我们认为眼下至关重要的事情，是向应该得到帮助的球员和家庭提供更多的帮助，而不是花很多年和数百万美元在诉讼上"。

美国国家橄榄球联盟的声明没有提到的是，如果没有贝内特·奥马鲁博士的努力——他的全名，即奥涅马克武贝，在其母语中就是"如果你知情，就站出来大声讲出来"的意思——就不会有现在的和解协议，CTE病症普遍存在于职业橄榄球运动员群体中的事实也可能永远不会被发现。奥马鲁说："在CTE病症被发现之前，退役的橄榄球运动员被人嘲笑，遭到解雇。我认为他们开始得到了他们需要的关注。"

领导力的原型：说真话者

> 选择的时刻就是说出真相的时刻，这是对我们性格和能力的测试点。
>
> ——史蒂芬·柯维

说真话者坚信，自己有责任对他的民众、客户和社区始终保持开放、真诚和诚实的态度。说真话者会毫不犹豫地说出真相，即使这意味着他的坦率让人不舒服。他说话开诚布公，是被真诚帮助他人的愿望和为他人服务的意愿所驱使的。对说真话者来说，勇敢发言是一种责任。说真话者总是扪心自问，"我应该在何时说出来？"

为正确的事站出来而反对别人从来都是不容易的。但对于一个说真话者来说，说不诚实的话是非常矛盾的，所以他本能地会避免这样做。即使有时说实话可能会伤害到别人，他也会坚定地认为，不管后果如何，这总是正确的。

说真话者成功的关键：坦诚

> 当我们必须大声说出事实且据此行动时，缄默成为最懦弱的行为。
>
> ——莫罕达斯·甘地

在日常生活中，坦率地说话是我们能做到的最困难的事情之一。根据马萨诸塞大学的研究，60%的成年人在不说谎的情况下是无法完成10分钟的谈话的。研究还发现，说谎者群体中的人在10分钟的谈话中的说谎次数平均为三次。

大多数人说他们想听到真相，但事实却恰恰相反，如此多的说真话者因为自己的行为而受到了惩罚。正如古代英文谚语所说的，"等脚踩在马镫上再把实话说出来。"换句话说，当你无所顾忌时，你也应该准备好承受说出真话来的后果。说真话者知道事实如此，但这并不能阻止他们。

当你的思维将你说谎的倾向进行合理化时，那正是你的心在促使你诚实和坦率。

当你坦率地说话时，你必将收获诚实的好名声。

作为一名领导者，当你说谎时，你必须准确记住你对每个被你欺骗的人说了什么；如果你不小心做了与谎言自相矛盾的事情，那么结果就会变得棘手。

当你坦率地说话时，你将赢得属于对你的坦率。

作为一名领导者，你总是希望被他人认为是直言不讳的人。有时候人们可能不想听你要说的话，对他们来说，知道真相总比被骗要好。

当你说实话时，人们会以你为榜样，对你更加诚实。

作为一名领导者，如果你告诉跟随你的人自己曾经失败过很多次，那么他们将失败告诉你时就不会感到不安。

作为一名领导者，欺骗他人会对你的健康、人际关系和职业生涯造成损害。

当你坦率地说话，诚实且直白时，你的压力就会有所降低，你的睡眠、心情、饮食和气色都会变得更好。根据圣母大学心理学教授安妮塔·凯利的研究，那些致力于说真话——即使是对小事也是如此的人——身体健康状况明显要好于对照组。他们感觉不那么紧张，喉咙痛、恶心和头痛也有所减轻。

当你说实话时，你会感到自信和骄傲；当你欺骗他人时，你会感到沮丧和自我批判。

当你说实话时，你会更有说服力且更让人信服。为了让人信服，你必须一直坦率地将事实说出来——你必须一直说实话。

作为一名领导者，人们在关注着你，所以你的言行必须是真诚、坦率的。

坦诚的基础在于说真话。

当我们坦率地说话时……

我们便能创造引人注目的公司，

创造有效的领导力，

创造忠诚、敬业的员工，

创造竞争优势，

创造有道德的工作场所，

创造诚信文化。

做一个别人可以信赖的人，不管在什么情况下，都要说实话，坦诚相待。

说真话者的领导力差距：怀疑

一旦有人怀疑他人的做事动机，那么其所做的一切都会受到玷污。

——莫罕达斯·甘地

黛博拉是一名年轻的首席财务官,她成功、聪明、严肃,非常熟悉公司的财务状况,并且非常清楚什么时候应该敢于冒险,以及什么时候应该谨小慎微。黛博拉在工作上表现出色,她所在的公司也日益发展壮大。

一天,公司的首席执行官宣布自己将在年底退休,所以董事会正在寻找一个人来接任首席执行官,即从内部进行提拔。在面试了一小部分人——包括两名内部候选人后,董事会认为黛博拉是必然人选。尽管没有大张旗鼓地造势活动,黛博拉就这样被提拔为首席执行官。

起初,黛博拉不确定是什么让她成为董事会的首选的,但她认为他们已经认可了自己的努力和奉献精神。她很高兴能接任这一新职位,并期待着董事会能在过渡期间给予她支持。黛博拉也有一点紧张,担心自己可能无法胜任,但她确信——在优秀团队的帮助下——自己会成功的,公司也会比以往任何时候都成功。

新任首席执行官的第一份工作是为新产品线制订商业计划,一周之内,她完成了一份详实的草案。当黛博拉向董事会提交自己的商业计划时,她要求获得支持新产品发布的资金。董事会一致同意,告诉黛博拉他们会给她所需要的东西。

黛博拉兴奋地离开了会议室,渴望与产品团队会面,开始实施自己的计划。她想向董事会展示自己的能力。

但不到一周后，董事会回应黛博拉，没有解释、没有澄清地直接告诉她他们已经改变主意了。他们并没有一次性给她所要求的资金，而是告诉她，她可以在需要资金的时候提出要求——并且每次都要向整个董事会做陈述。

黛博拉被激怒了。她私下告诉自己的团队，董事会里都是一群骗子。很快，她的这一愤怒开始对其所在办公室产生了负面影响。她的团队开始对黛博拉的不断咆哮保持警惕，职员们变得疑神疑鬼和偏执，这一现象很快成了主流。

董事会意识到有些不对劲，尽管他们并不是很确定。他们在周例会上告诉黛博拉，她需要一名指导员。"你必须努力成为一名领导者。"他们这样告诉她。

当我首次和黛博拉共事时，我可以看出她对某些事情表现得很生气，但我不清楚是什么触动了她。她一直告诉我董事会里都是骗子。"他们不说实话。"她说。鉴于我不清楚事情的来龙去脉，于是我请她解释一下事情的来龙去脉。

她告诉我，几个月前，她为一种新产品制订了一份商业计划，并要求获得启动该产品所需的资金，董事会当时同意了，但一周后他们却拒绝了。"他们是骗子！"她尖叫起来。

我让黛博拉冷静下来。"我明白你感觉自己被骗了，"我告诉她。

但我一直在想故事的全部是什么——我有一种独特的感觉，即我只是看到了故事中黛博拉所说的那一面。是什么导致董事会在一次会议上对黛博拉说是，一周后又对她说不呢？

当我们被欺骗时，那种感觉是刺痛的，会让我们生气。但也会让我们对他人产生偏执和怀疑，从而造成严重的领导力差距。董事会有他们的理由，但却没有告诉黛博拉。这样一来，他们就把一名潜在的伟大领导者变得偏执而专断。

在我们咨询的最初几周里，黛博拉想谈论的都是董事会中的骗子和他们巨大的功能障碍。我建议我们打电话给董事会，问问他们到底发生了什么，但黛博拉不想这么做。接下来，我建议我们问一名特定的董事会成员——黛博拉过去信任和尊重的人——发生了什么事。她同意了，并安排了一次会面。

开会的日子和时间到了，你可以感觉到空气中的紧张气氛。我的角色是倾听和促进对话者，我希望这能让我们了解实际发生的事情。会议的目标是让每个人讲述自己的故事，黛博拉先说。她的语气真诚，但她的怀疑是显而易见的。"你们为什么欺骗我？董事会为什么对我撒谎？"她问道。"如果我没有新产品发布所需的资金，我怎么能成功呢？"

董事会成员惊讶地看着黛博拉。"我们没有欺骗你。"其中一位董事热诚地说道，"我们没有一次性给你资金的原因是，我们需要在最后一刻留出一部分资金用于股票回购。我们会给你钱，但不是马上给你——我们只是一下子拿不出那么多资金而已。"

"你是说我仍然可以得到新产品发布所需的所有资金，"黛博拉问道，"只是不能一下子全部到位？"

"是的，黛博拉，我们在董事会上告诉过你了。"这位董事回答。

然后双方都安静了。

虽然董事会并没有故意欺骗黛博拉，但确实对她有所隐瞒——这是许多公司的董事会共有的问题。在这种情况下，欺骗以误解的形式呈现了出来，从而使黛博拉觉得自己被欺骗了，这让她变得疑神疑鬼和偏执。她的领导能力也因而受损。

隐瞒信息比披露真相更糟糕，这不仅是对我们自己，对我们管理的人也是如此。如果我们觉得别人欺骗了我们，我们就会产生怀疑。怀疑就像病毒那样——一旦它渗透到了我们的内心和思想中，就会影响我们的思考、行动和领导方式。

如果说真话者屈服于怀疑，结果可能是灾难性的。

说真话者的领导力差距原型：欺诈者

人们是如此简单，如此倾向于服从眼前的需要，以至于欺诈者永远不会因为自己的欺骗而缺少受害者。

——尼科洛·马基雅维利

说真话者和与之相对的欺诈者是我们非常清楚的领导力表现。我们了解历史上的那些欺诈者,我们在新闻中听到过关于他们的故事,在日常生活中也会遇到他们这种人。这个世界充满了欺诈者。在某种程度上,也许我们都是欺诈者。当然,我们也都在被欺诈。

以下是一名欺诈者的典型特点:

异常迷人。欺诈者知道如何利用魅力为自己谋利——他们知道如何吸引和留作住外界的注意力。欺诈者经常能说出赤裸裸的谎言,而且都是以最流畅的方式进行欺骗。他们会告诉你最难以置信的故事——你只要相信它,即使有些事情毫无意义,你也会着了他的道。最迷人的欺诈者是可以为所欲为且安然无事的。

情绪操纵。欺诈者通常会要求你选择立场;或向你施压,让你信任他们。尽管欺诈者永远不可信,但他们总是有办法让你质疑自己。

善于分散注意力。欺诈者可以非常巧妙地转移话题。你也许在一开始谈论的是这个话题,然后在反应过来之前,你已经在谈论别的事情了。或者他们用肢体语言来转移你对真正需要讨论的事情的注意力,比如微笑或者靠得很近,好像他们在告诉你一个秘密那样。

臭名昭著的指责者。欺诈者从不承担责任。相反,他们会找个替他们背黑锅的人。

专业的诱饵和欺诈者。欺诈者可能会让你相信你得到了他们的承诺或支持,但是当条件稍有变化,或者一些细微的条款没有得到满足时,他们就会取消承诺。然而事实是,你从未得到过他们的承诺。

利用欺诈者

说谎和欺骗的麻烦在于，它们的效率完全取决于一个清晰的概念，即说谎者和欺诈者希望隐藏的真相。

——汉娜·阿伦特

谎言和欺骗从生到死都伴随着我们，有时还渗透到我们交流的每个角落，还会渗透到我们私人关系和公共关系的每个缝隙中。我们认为这是不好的，但我们却要在此方面进行学习和训练。所以，如果每个人都在撒谎和欺骗，那么为什么当它发生时，即使欺诈者是我们确信可以相信的人，我们仍然感到震惊呢？

说真话者必须大声说出真相，那些感到被欺骗的人也必须如此。这是弄清楚情况和消除怀疑的唯一方法。我们可能不总是喜欢我们所听到的，但至少我们会了解真相。

以下是一些你在面对欺诈者时所能采取的对策：

不要让傲慢占了你的便宜。有时候你会成为一名欺诈者，因为你对某些部分感到不充分、不安全，甚至脆弱，它们会让你感到非常羞愧。这会让你用大堆的谎言来掩盖这一切。但你不必让你的傲慢占据上风，要努力展现出你最好的一面。

不要混淆事实。自欺欺人掩盖了你的真相，它腐蚀了你对他人和自己的看法，抑制你做出明智且有益决定的能力。不要隐瞒真相，因为真相是你的未来，所以你的未来可能取决于在面对你周围的所有谎言时，你能多好地保持对真相的承诺。扪心自问，为什么你需要说谎，你得到了什么，这是否真的值得。

承认你没有说实话。许多人很难承认自己错了，所以他们继续撒谎和欺骗。但力量不在于说谎，这是事实。作为欺诈者，你最终必须做出选择。不管你认为自己知道什么，你都必须承认自己并不知道。你并不完美，你只是一个有着不完美大脑的人，但你仍然可以决定尊重真理和建立真理。本杰明·富兰克林有一个著名的观点，即承认自己的过错，因为他相信，通过倾听那些自己不认同的人，能够减少自己对错误的恐惧。

学会灵活处事。倾向于欺骗的人以黑白分明的方式看待世界。他们对什么是对、什么是错，以及是事实还是虚构界限分明。但生活并不是这样非黑即白。作为一个人，你僵化的思维会导致你最终失败。作为有欺骗倾向的人，我们应该利用并克服我们的缺点，学会以更大的灵活性和敏捷性重新来过。

当你可以承认而不是隐藏让自己感到羞耻、脆弱或不足的东西时，那么距离你达成内心的伟大就又迈近了一步。

成为说真话者的领导者

即使我被所有人抛弃，我也必须继续为真理作证。今天，我的声音可能是荒野中的声音，但如果它是真理的声音，那么当所有其他声音都被压制时，它就会被听到。

——莫罕达斯·甘地

伟大的领导人诚实、坦率。人们尊重那些说真话的人，即使真话令人难以接受。诚实的心会指导人做出诚实的行为。对我们许多人来说，永远诚实和说真话似乎是不可能的，但有一种方法可以增加坦诚和减少欺骗。你可以这样做：

努力成为一名说真话的人。一切有意义的事情都始于伟大的领导者。一个组织缺乏真理的过程，往往都是从最高层开始的。诚实的领导者、说真话的领导者能够培养出开诚布公的文化。否则，人们会被不信任、疑虑和误解所驱使。最重要的是，他们会被恐惧所驱使——当恐惧出现时，谎言就开始蔓延。让诚实成为一种隐含的价值，但要记住，除非你和你的组织模式中的其他领导者都表现出诚实，否则它将毫无意义。

一切皆可沟通——不要退缩。沟通，沟通，再沟通，不隐瞒任何事情。除非有具体、诚实的理由不能进行信息共享，否则员工应该被告知对他们来说重要的一切。那些一直说他们有坦诚的文化但不真正透明的经理们会破坏彼此的信任，在他们的组织中制造怀疑。不要成为那种让谣言泛滥、八卦滋长的领导者，而应成为那种可以沟通和参与的领导者。

创造坦诚和解决方案的文化。当事情出错时，不要责备你的员工，而要寻找解决方案。人们不应该担心犯错而倍感压力，因为这是一个人成长和发展的正常环节，也可以防止他们为了掩盖将来的错误而撒谎。要培养一种坦诚的文化，在这种文化中，承认自己的错误是被允许的，公开失败也是安全的。我们能够领导员工的最佳方式是为他们提供他们所需的充足资源——从预算到人员再到时间——来帮助他们完成实际所需的工作。这样，他们就不必为不准时或没有达到目标寻找借口。

消除不足的障碍。消除阻碍人们表现的障碍，尽你所能地废除制造谎言的政策和原则。如果你提倡诚实，就不要惩罚提供消息的人；如果你要求坦诚，就不要约束说真话者。

平等对待每个人。繁荣的文化是不断平等地对待每个人的文化，不要让人们觉得他们是彼此对立的，也不要让他们觉得自己很重要。不要偏袒一方，也不要奖励奉承者。每个员工都应该对自己说的话和说话的方式负责。你要培养的是一种坦诚的文化，即在这种文化中，每个人都愿意诚实地说话。

树立自己的高标准。尽你所能地让别人知道你不会雇佣或容忍说谎者、骗子和作弊者。保持你的高标准，每天尽你所能地达到它们。让真理成为你自己的领导力和事业的一部分。

给他们做得更好的理由。不要让你的团队持有悲观的想法，而要给你的员工一些东西，使他们快速成长。让人们知道他们是比自己更强大的事物的一部分。为他们提供一个愿景和通向愿景的道路，然后鼓励他们成为说真话者并且直言不讳。

伟大的说真话者型领导者

罗纳德·里根不怕说出自己的想法，不管是关于苏联带来的威胁还是关于改革税法的重要性。不管你是否同意他的观点，你都应该尊重他说的真话。

英德拉·努伊因说出自己的想法而受到抨击。她说，像百事这种体量的公司的首席执行官，不可能拥有一切。努伊说："待在家里当妈妈是一份全职工作。成为一家公司的首席执行官是将两份全职工作合二为一。你怎么能公正对待这一切呢？"

温斯顿·丘吉尔领导英国人民战胜纳粹，他始终如一地告诉英国国民国家在战争中的真实情况。据说，他会告诉他的追随者最糟糕的事情，并将其像大块流血的肉一样扔给他们。

说真话者是最独特的原型，也可能是最容易被误解的。当他们坦率说话时，他们并不是想伤害别人，而是被强烈的正义感和做正确事情的强烈欲望所驱使。

当说真话者看到欺骗和谎言，或者经历不公正，或者目睹他人遭受痛苦时，他们觉得自己必须说些什么、做些什么。

对说真话者来说，诚实不是一种选择。这是一个深刻的使命。

在说真话者的原型中认识自己

说真话者直言不讳，不怕说出反对不公正、谎言或贪婪的真理。

你是说真话者吗？ 问问自己下列问题：

- 坦诚的谈话对你来说有哪些重要意义？
- 什么会让你大声把话讲出来？
- 在什么情况下，你会故意回避真相？
- 你认为撒谎或误导在什么时候是可以的？
- 你应该在什么时候直言不讳？

第五章　英　雄

英雄无所畏惧。
当别人袖手旁观时，
他会毫不犹豫地采取行动。

如果我让你写下十位伟大商人的名字——那些通过他们的行动永远改变了世界的人——亨利·福特很可能会出现在你的名单上。每个人都听说过这位名人的故事，他创立了以他自己名字命名的汽车公司，且因为设计了工业时代最重要的创新之一而被铭记——即移动装配线。每个人都听说过 T 型车的故事，这种汽车使普通美国人能够前往公路可到达的任何地方旅行。

截至 1914 年，T 型车的销量超过了 25 万辆；到 1916 年，当其销量达到 47.2 万辆时，基本旅行车的价格已降至 360 美元。福特在行业中占据着主导位置，美国有一半的汽车都是福特 T 型。然而不可思议的是，尽管亨利·福特才华横溢、成就斐然，却是一个有着很大缺陷的人。

1919 年，亨利将福特汽车公司的日常运营移交给了他的儿子埃德塞尔并任命其为公司总裁。然而，尽管公司领导层发生了变化，亨利仍然保留了对公司重要事务做出最终决定的权力，因此尽管埃德塞尔的头衔是公司领导人，却没有实权。

最终，亨利的缺点让他栽了跟头，导致福特汽车公司遭受了巨大的财务损失。拯救企业需要英雄——一个拥有巨大勇气的人。令人惊讶的是，这个英雄竟然是埃德塞尔。

埃德塞尔·福特——亨利·福特和克拉拉·福特的独生子——生于1893年，与父亲不同的是，他从小就过着养尊处优的生活。年轻时，他和自己著名的父亲一起修理汽车，但随着年龄的增长，他的兴趣转向了设计，他上私立学校，喜欢绘画、摄影和运动。

埃德塞尔·福特不像他父亲，他受过教育，世故、年轻、有风格。根据历史学家史蒂文·瓦茨的说法，"亨利在许多方面都非常守旧，几乎没有受过教育。"另一方面，瓦茨继续说道，"埃德塞尔·福特是一个心地善良、温文尔雅、沉默寡言的年轻人。"当埃德塞尔决定在公司的行政大楼旁建造一个新的配楼来改善过度拥挤的办公环境——甚至都挖好了地基——亨利否决了他的提议，认为额外的员工空间是不必要的奢侈品。当埃德塞尔告诉他的父亲他会用泥土将地基上的洞填满，让其恢复到原来的状态时，他的父亲再次否决了他。亨利想用这个洞来提醒埃德塞尔，让他记住谁对福特汽车公司和埃德塞尔有着终极话语权。埃德塞尔对一个朋友就此事发表了自己的看法，"我不知道父亲这样羞辱我会有什么好处"。

尽管亨利·福特的T型车取得了惊人的成功，但到了20世纪20年代，这款车的寿命已经到头了。在T型车的销量达到惊人的1000万辆后，随着消费者将注意力转向其他制造商那些令人兴奋的新产品时，该车的市场份额则跌到了50%以下。阿尔弗雷德·斯隆——通用汽车公司进步的首席执行官——意识到消费者想要的不仅仅是一辆便宜、坚固、可靠的能让他们从一个地方前往另一个地方的汽车,他们越发想要一辆能在目的地时尚亮相的汽车——即使这要花费更多的金钱。而且T型车开始看起来像是过时的车型了。

埃德塞尔·福特和福特领导团队的其他重要成员看出了变革的必要性——而且是迅速的——但是亨利·福特坚决反对生产替代他心爱的T型车的想法,他认为这是"世界上最完美的车"。当埃德塞尔发现由卡迪拉克的创始人之一于1917年创立的林肯汽车公司陷入财务困境时,埃德塞尔游说他的父亲努力购买这个境况不佳的品牌。最终,亨利·福特让步了——林肯于1922年被福特收购。埃德塞尔随后专注于将林肯发展成为福特的第一个豪华车品牌。

但这仍然不足以扭转福特的命运。

福特副总裁欧内斯特·坎茨勒在1926年1月写给亨利·福特的备忘录中写道:"我们的福特客户正在转向其他制造商……我们的竞争对手每卖出一辆车,他们就会变得更强,我们也会变得更弱……新产品是必要的。"亨利·福特对这份备忘录很不满,于是坎茨勒在几个月内就离开了。

但是埃德塞尔同意坎茨勒公正的评估,勇敢地拒绝做出让步。史蒂文·瓦茨说:"埃德塞尔开始相信时代已经改变,消费者变得更加成熟了,你要做的只是推出新的车型即可。"埃德塞尔和他父亲打了一年多的持久战——即出现在亨利的办公室里,要求保住自己的位置,有时还带着新车型的计划。每次他都悻悻而归。

然而，如果不是埃德塞尔·福特，以他和他父亲的姓氏命名的公司今天可能就不存在了。尽管父亲不断地反对，埃德塞尔最终还是说服了他彻底重新思考福特汽车的未来。要想在快速发展的汽车市场上竞争成功，需要给予消费者选择——款式上的选择和新的购车优惠方式。埃德塞尔知道这是事实，只有不断挑战并最终说服他的父亲——一个被誉为历史上最伟大的商人之一的人——公司才能与时俱进。正如福特的一位同事回忆的那样，"老人认为自己最清楚什么是对公众有益的"。另一方面，埃德塞尔会尽力给消费者提供他们想要的东西。

1926 年 5 月，随着第 1500 万辆 T 型车下线，福特汽车公司宣布将停止生产该车，取而代之的将是埃德塞尔·福特亲自命名和设计的"全新福特汽车"。这辆车是时尚的新款 A 型车，第一年就卖出了 70 万辆，扭转了福特的销售下滑趋势，使公司免于破产。但不管怎样，亨利·福特从未原谅埃德塞尔强迫他亲手杀死了 T 型车。

埃德塞尔·福特是勇于拯救福特汽车公司的英雄。他拥有你能想象得到的所有奢侈品——财富、家庭和世界上最大的汽车公司的总裁职位，但他愿意赌上这一切来拯救以他名字命名的公司。当福特汽车公司最需要英雄的时候，他就是英雄。

也许我们应该彻底改变对于亨利·福特故事的传统认知，想想谁是真正的英雄——哪个人应该被誉为美国商业和汽车工业的真正伟人。

像埃德塞尔一样，当其他人尚未准备好介入时，英雄就会采取勇敢的行动。

尽管亨利·福特一再努力地让自己的儿子埃德塞尔不要插手此事，但他和他心爱的公司最终还是被埃德塞尔挽救了。如果聪明但固执的亨利·福特能如愿以偿，他心爱的T型车可能是福特汽车公司生产的最后一辆车。如果亨利·福特能如愿以偿，福特汽车公司今天还会存在吗？ 也许不会。

我们生活在一个能让我们认为自己无所不知的世界里，但这让我们在思考时思路不畅，也让我们顽固不化，还会让我们注定失败。事实是，我们不清楚自己的无知之处。要成为一名成功的领导者，我们有时必须足够勇敢地说："这是行不通的"。我们还必须勇敢地说："我可能不知道答案，但无论如何我都会努力。"

福特汽车公司很少有人愿意挑战亨利·福特。如果不是埃德塞尔·福特的英勇、持续和温和的说服方式，该公司最终可能只是美国汽车工业历史上的一个脚注，或者只是通用汽车的一个部门。事实上，制造新型号的车来替代T型车不是亨利下的决定，是埃德塞尔下的。

谁设计的？
埃德塞尔。
是谁确保完成的？
埃德塞尔。
谁是福特汽车公司的勇敢者和真正的英雄？

埃德塞尔。

领导力的原型：英雄

英雄是在遇到巨大的障碍时，也仍然有坚持和忍受其力量的普通人。

——克里斯托弗·里夫

当其他人站在一旁，等待有人站出来时，英雄是那些毫不犹豫地采取行动的人。英雄是勇敢的——他们愿意冒着职业生涯的危险去成就一番伟业。

英雄敢于在其他没有勇气的人不行动时采取行动。

英雄不顾恐惧和压倒性的反对而行动。我们中的大多数人并不是真的害怕勇敢，而是害怕勇敢所付出的代价。英雄们总是扪心自问："何处需要勇气？"

英雄成功的关键：勇气

勇气能抵御恐惧、控制恐惧，而不是消除恐惧。

——马克·吐温

我们并不真的害怕失去一切，我们害怕的是一无所有时会发生什么事情。当你明白你害怕什么时，你就能明白勇气意味着什么。在我们减轻恐惧感的同时，也增强了勇气，而勇气也让我们变得更加强大。

勇气源于大脑深处。由亚丁·杜戴博士领导的以色列魏兹曼科学研究院的研究人员，利用实验志愿者的功能磁共振成像扫描来确定当受试者表现英勇时，大脑的一个特定部分——亚属前扣带回皮层，一个富含血清素转运蛋白的区域——会被激活。杜戴博士说："我们的结论对大脑的处理过程，以及支持人类行为中这一有趣方面的机制，做出了解释。能够做出与被恐惧推动的行为完全相反的自发行为，这种能力被称为勇气。"

根据休斯敦大学的研究人员布琳·布朗的研究所显示，当我们相信自己没有价值时，我们将会被带入一种以恐惧为基础的生活。布朗说："大胆是显性及为人所见的。重点在于承认我们的弱点，并将其视为勇气的诞生之处以及我们人生中其他有意义的体验。"

菲利普·津巴多是斯坦福大学心理学荣誉退休教授，美国心理学协会前主席，英雄想象项目的创始人和主席。津巴多说："我们提出人们为何会变英勇的问题，然而研究还没有给出答案。英雄可能更有同理心或同情心，也许有英雄基因，也许是因为他们的催产素水平……我们不确定。"

根据津巴多的研究，英雄主义是一种具有四个不同和明显特征的活动：

- 它是为其他有需要的人服务的，或者是为了捍卫某些理想的。
- 它是自愿参与的。

- 行动时已经知道存在的风险和成本——对个人的身体健康和声誉皆有危害——而这个人仍旧愿意接受预期的牺牲。
- 在行动的时候,没有预期的外部收益。

如同每个原型一样,凡事都有两面性,但它并不是非黑即白那么简单。相反,我们必须质疑谁是英雄,谁不是英雄的观念,勇敢意味着什么,懦弱又意味着什么,勇敢者和无畏者的区别是什么。

英雄的领导力差距:恐惧

被其打倒的人是世界上最多的。

——拉尔夫·沃尔多·爱默生

各领域的领导者都曾站在一旁看着他们的组织和追随者走向灭亡。这种消极的行为令目睹的人感到震惊。令人困惑的是,一个曾经充满激情的领导人会袖手旁观、主动放弃。他们不是我们当中真正的领导者吗?他们为什么不能处理危机?他们对自己的使命失去信心了吗?简单的答案是,恐惧正在麻痹他们自身。

无论领导者恐惧的根源是什么,恐惧对一个组织的影响都是毁灭性的。

英雄的领导力差距原型:旁观者

世界只会被那些冷眼旁观、选择保持缄默的人毁灭,而非那些作恶多端的人。

——阿尔伯特·爱因斯坦

特里是一个非常有才华和能力的人，身负重任，但出于某种原因，他不愿意挺身而出领导他的员工和组织。他潜移默化地实践了我所说的领导力——他期望他的员工在没有帮助和指导的情况下领导自己。这被证明只是他的一个非常不切实际的期望而已。

人们受到伟大领导者的鼓舞——他们更投入，更专注于工作，表现得也更好。而糟糕的领导者会颠覆组织：员工更替率提高，人们在工作中变得散漫，绩效下降——从而导致客观存在的短期和长期的损害。

我的任务是帮助特里不要成为旁观者，并在他的组织濒临分崩离析时，成为一名积极、高效的领导者。但是当我第一次见到他的时候，我就知道这将是一个巨大的挑战。我可以看出他不擅长与人打交道——他喜欢处理业务中的各种流程和实践，远胜于喜欢与人打交道。他喜欢说："给我一道工序流程，我能让它成功奏效。"他按要求的去做，从而提升了组织的地位。直到目前为止，他从未担任过领导角色。

当特里升职时，他被要求实现大胆的目标。但事实上，他不知道如何实现自己认同的目标，因为他天生就是一名经理，他重视控制、系统、数字、电子表格和结构，但他并不懂得如何激励他人，也不懂得如何与他人建立信任，他真的不知道如何建立一个团队来实现董事会为他设定的崇高目标。

这当然是一个巨大的问题——对他和公司来说——尤其是在需要

做决定的时候。与其权衡各种选择并采取决定性的行动，他更喜欢避免处理各种情况——让事情按照他的方式发展，不管是好是坏。事实上，他缺乏的领导力正在让公司遭受经济上的损失，让他逐渐走向失败。

当然，这个结果并不完全是他的错。公司董事会从一群非常有才华的候选人中挑选了特里。他们想奖励他对公司的忠诚，并相信他会挺身而出。但当他没有成为他们所希望的那种领导人时，董事会就叫我来帮忙。

我们就什么需要改变进行了多次讨论，但是特里坚持认为，强有力的领导不是他的风格，他更愿意研究过程、实践和程序的细节。"当我把正确的过程准备好的时候，"他告诉我，"一切的人和事都会自然到位的。"

我担心把特里不愿成为领导者的想法告知董事会，他们甚至会更加坚持。"只要把他塑造成型即可。"有人这么告诉我。

我回答说，"如果人们不愿意被改变，就没有什么好塑造的了。"

对我来说，特里最终无法实现董事会为他设定的目标，项目失败也就不足为奇了。当他的员工和他的组织需要一个英雄、一个勇敢领路的人时，他选择了当旁观者。但是这还不够。他没有为项目的失败承担责任，而是有意识地将自己的失败归咎于自己的员工，从而使情况变得更糟。他抛弃了自己的团队，指责他们缺乏承诺和责任感。

他没有就自己的领导失误承担责任，这就已经够糟糕的了。但是很快，一切就变得再清楚不过了，当一切都分崩离析的时候，他只是一个旁观者，缺乏为其团队挺身而出的勇气，这正是他为何是一名无能领导者的关键所在。

几个月后，团队还是那个团队，但是特里失业了。

特里被解雇后，董事会让我收拾残局——让领导团队重振旗鼓，再次凝聚起来。这不是一项容易的任务——特里所留下的有毒残留物花了相当长的时间才从组织中排出来。员工们因与一个旁观者、缺乏勇气的老板发生冲突而受伤且伤痕累累。但是在对他们的经历给予理解的激励下，我们不仅成功了，还超越了许多人的期望。

我们分四个具体步骤完成了这项工作。首先我们得承认并提出这个显而易见的麻烦问题——让大家在没有恐惧感或负面影响的情况下畅所欲言。其次，我们解释说向前看比回头看更重要。再次，我们把大家团结成一体。最后，我们通过为团队提供令人信服的愿景和有目的的使命，让他们不断前进。

当你正目睹一场悲剧，或者当你听到不公正之事，你看到有人欺负他人时，你会怎么做？你是出言阻止还是保持沉默？提供帮助还是漠然走开？

站在一旁的人和出言阻止的人之间是有条分界线的。

出言阻止的人是勇敢的，我们为英雄的他们而欢呼。还有那些什么也不做的人，我们称他们为旁观者。

旁观者效应是群体中的个体在其他群体成员不采取英雄行为时，也避免采取英雄行为的趋势。根据研究人员的说法，群体中的人越多，群体中的个人越倾向于充当旁观者。

为了探索成为囚犯或狱警的心理影响，菲利普·津巴多和他的研究团队在1971年设计了一个名为斯坦福监狱实验的项目。该团队在当地报纸上登了一则寻找志愿者的分类广告。

该项心理研究需要男性大学生的参与，用时1~2周，每天有15美元的报酬。

70多名志愿者应征而来，其中24人被筛选为最终的研究参与者。津巴多和他的研究团队随机给每个参与者分配了两个角色的其中之一——囚犯或狱警。最终，12名参与者被指定为囚犯，另外12名参与者被指定为狱警。

被选为实验对象的年轻人在家中被真正的帕洛阿尔托警察"逮捕"，在警察局登记立案，并被带到斯坦福大学约旦大厅地下室的模拟监狱。他们将在那里被监禁长达14天。囚犯们经历了普通囚犯经历的许多事情，从穿着囚服到强制脱衣搜查和单独监禁。

在模拟监狱中扮演看守角色的被试被告知要把自己想象成真实监狱中的真实狱警。他们被告知不要虐待囚犯或对他们造成任何身体伤害，同时还被告知要让囚犯知道谁才是这里的负责人。津巴多给狱警们做了这个简报：

你可以在囚犯中制造厌倦感，某种程度上的恐惧感，你可以制造一种任意性的压制感，他们的生活完全被我们，被系统、你、我所控制……没有我们的允许，他们什么也不能做，什么也不能说。

为了看起来更真实，这些被试穿着卡其布制服，并手拿木制警棍来表明自己的权威。正如津巴多所说，目标是诱导被试迷失方向、人格解体和去个性化。被试很快接受了他们被分配的角色。

第一天一切都很好，囚犯们又无聊、又安静。然而，第二天发生了重大转变，一些囚犯开始反抗狱警。作为回应，一些狱警开始非常认真地对待自己的角色，变得极其残忍。他们对囚犯实施虐待性的手段以示权威，有些人甚至对他们的囚犯施以心理折磨。许多囚犯被动地接受虐待，那些试图阻止虐待的人遭到了骚扰和惩罚。

这种情况持续了6天，直到津巴多因为猖獗的虐待行为突然终止了实验。在实验中扮演狱警角色的戴夫·埃谢尔曼的意思是：

我在那里进行我自己的实验，他是这样说的："我能把这一类事情进行到何种程度，这些人在说'住手'之前能承受多少虐待？"但是其他狱警没有阻止我，他们似乎加入了进来。他们受到我的引导，没有一个狱警说"我认为我们不应该这样做"。

斯坦福监狱实验多年来受到了很多批评，但时至今日，仍旧让我们不禁想要发问：好人怎么可能变成加害者？为什么有权力的人会变得邪恶？为什么有的人会出现对这种也许是虐待的行为视而不见、充耳不闻的趋势？

这些都是重要的问题。

第二次世界大战期间，纳粹军官下令杀死数百万犹太人和其他"不受欢迎的人"，而那些知道这一切的人则袖手旁观。

我们不必走向战争的模式，也不需要创造一个模拟监狱实验来观察旁观者的实时影响。我们所要做的就是走进我们自己的工作场所，看看我们的领导力。

对职场欺凌的研究显示，66.6%的企业有活跃的欺凌者；58.2%的参与者表示，这些欺凌者更有可能是老板（经理、高级经理、首席执行官或执行董事）。职场欺凌是一个巨大的问题，可悲的是，许多目睹欺凌的人不会说或做任何事情；相反，他们只是旁观者。他们可能会为这种欺凌行为辩解，比如，"哦，总是这样"，或者"他只是在开玩笑"，或者"这位欺凌的销售人员给我们带来了太多的生意，不好斥责他"。事实是，当出现职场欺凌或恐吓时，许多人只是袖手旁观。大多数人认为别人会处理，或者被欺负的人能照顾好自己。当男同事或女同事被欺凌时，没有人做任何事加以阻止，这就是旁观者效应。

我们是会成为一个袖手旁观，任由有害行为继续存在的人，还是会成为一名勇敢的英雄？每一天，在每一个工作场所，在每一个组织里，勇敢的英雄原型都有机会出现并领导他人。

利用内在的旁观者，你永远也不会成为旁观者。

——耶胡达·鲍尔

领导者只有学会在面对困难和挑战时控制自己的恐惧，才能成为真正的领导者。真正的领导者努力工作，努力克服他们所害怕的，重新思考他们所知道的，这样他们才能发现自己内心深处的无畏，成为一个前所未有的勇敢的人。

如果你想让你的员工变得勇敢(你做到了)，那么作为一名领导者，你需要重新思考自己的组织文化，问问自己它是否支持和鼓励勇敢的行为，无论是伟大的还是渺小的。

要有一种勇敢的文化，你必须找到内心的英雄。英雄能从恐惧中夺回控制权。英雄说："我会拿出勇气去做我知道能做的事，尽管我还不知道怎么做。"

为了找到内心的英雄，你必须通过缓冲跌倒来保证人们的勇敢。你通过让人们做自己来做到这一点。因为当你让人们做自己变得安全时，你也在让他们的冒险变得安全。在安全居住的文化中，每个人都是欣欣向荣的。当人们感到安全的时候，他们会冒很大的风险；而当他们感到不安时，则会避免做任何可能会因其犯了错误或失败而责备他们的事情。随着恐惧气氛的消失，你的员工感觉越来越安全，你的企业便也能取得更大的成就。

利用你内心的旁观者

当你看到一些事情，你需要做点什么。旁观者有不想卷入其中的诀窍，但作为一个希望自己勇敢、有胆量、无畏的人，一旦你认为有问题，就要立即介入，而不要认为"事情总是这样"。如果你听到不敬的言语，说点什么；如果你看到不当行为，做点什么。所有有问题的行为都应该立即解决，以防止局势升级。你的目的不是看着事物从你身边经过；你的目的是看到一些事情并做点什么。

为自己实施干预。你对自己说了多少次"总是这样"？当你的日常生活继续朝着与你的希望相反的方向流动时，停止袖手旁观才是你应该做的。与其扮演旁观者的角色，不如制订一个计划来改变需要改变的事情，这样你才能获得快乐和成功。

结束你自己的被动。很大程度上，控制着自己的生活和幸福的人是你自己。你现在就必须勇敢和自信，而不是明天、下周或下个月。你的勇敢、无畏和胆识必须从今天开始，不能袖手旁观，要期望它发生。你必须成为实现它的人，没有人会来救你或是为你收拾烂摊子。

做你知道自己可以成为的那个人。在自己的生活中做旁观者对你没有好处，所以也不要在别人的生活中做旁观者。要有更多的同理心，要让别人知道你支持他们、帮助他们、引导他们，如果他们需要你，就支持他们。不要做假设——不是每个人都像你一样勇敢或无畏。做一个你知道自己可以成为的人，停止袖手旁观，停止让生活从你身边溜走。

你选择不做旁观者的那一刻，就是展现你内心英雄的那一刻。

困难时期不会创造英雄。只是在困难时期，我们内心的"英雄"才显露出来。

——鲍勃·莱利

是什么让一个人成为伟大的领导者和其他人眼中的英雄？要成为一名伟大的领导者，你必须以英勇无畏的方式领导你的员工。成为英雄实际上意味着成为比你更伟大的东西的仆人。关注组织和你的员工的更大利益，而不是只关注你自己的需求，将会获得巨大的回报。

英语中的"英雄"一词与拉丁语中的"伺服"一词有关，均含服务之意。伟大的领导者不仅仅是英雄，还是仆人——对他们的人民、他们的顾客、他们的社区和整个世界来说。那些认为自己将通过下命令或等级制度来领导的人只能领导很短一段时间。但是当你以英雄的身份——带着一颗仆人的心——去领导时，你会勇敢地去做，并且目标是让人们朝着比自己更伟大的方向努力，这样便可以完成为自己和组织设定的任何目标。

领导者、文化、团队和公司都需要勇气。当人们信任你的决定，而不是默默地抵制你的一举一动时，你就有了勇敢的领导力。

当员工对正在朝着失败方向发展的项目发出危险信号，而不是将其隐瞒直至它们发展成全面的灾难时，你便拥有了勇敢的文化。

当员工向你提出解决他们面临的问题的方法，而不是把问题甩给你时，你便拥有了一个勇敢的团队，

当你的员工在进度会议报告上坦诚而投入，而不是每次说话都礼貌地点头时，你便拥有了一个勇敢的公司。

我们大多数人不会花时间思考我们的商业文化、领导力和公司是否是勇敢的和能够培养英雄的。这是个错误，同时也失去了一次巨大的机会。当你有勇敢的文化和英雄般的领导力时，你会看到人们正尝试着技能范围之外的新事物，刻意寻找成为领导者的机会，并为扩大团队的影响力提供想法。当你拥有勇敢的文化时，你也会在你的员工中培养敬业精神、动力和承诺。

英雄领导者是会勇敢站起来的。 勇敢的领导者始终都知道有人想要打倒他们，也有人等着看他们失败。尽管这让人沮丧，但他们还是出色地完成了自己的工作。

英雄领导者是会脱颖而出的。 勇敢的领导者知道，并不是每个人都会对他们要说的话感兴趣。但他们无论如何都要大声讲出来，并且拒绝变得隐形和无关紧要。

英雄领导者是屹立不倒的。 科学上说，伸开双腿和手臂，身体站直传达了一种力量感，能够减少压力。哈佛大学和哥伦比亚大学的研究人员已经表明，练习几分钟"力量姿势"会增加睾丸酮分泌并降低皮质醇分泌——即压力荷尔蒙。

英雄领导者是会保持冷静的。勇敢的领导者知道,当事情变得艰难和情绪紧张时,不必说什么。平静并不意味着软弱,平静意味着你可信。

英雄领导者是不会回避的。勇敢的领导者是决定性的——他们知道自己代表着什么以及想要什么。他们不会说"我想是的"或"我猜是的",他们用权威说话,他们知道需要说什么,也会说出来。英雄的定义是他们保持专注,有决心与勇气。

激励他人的人是英雄。

合理利用时间的人是英雄。

坚持终身学习的人是英雄。

那些用勇气培养激情的人是英雄。

那些变得积极的人是英雄。

那些每天勇敢采取行动的人是英雄。

伟大勇敢的英雄型领导者

安东尼·肯尼迪法官是美国最高法院许多案件的决定性投票人。他在各种激烈辩论的政治问题上坚持自己观点的勇气在法庭上尤为突出。

马拉拉·优素福·扎伊公开反对不让巴基斯坦女孩接受教育的压迫,并为此付出了高昂的代价。然而,她继续坚定地说出了实现自己目标的决心。

J.K.罗琳一贫如洗，别无选择，但在她有了想法后便鼓足勇气，坚持不懈地追求它，尽管这是一个渺茫的希望。尽管不断遭到拒绝，但她还是坚持了下来，最终她的书在全世界家喻户晓。

勇敢成为英雄，并承诺挑战一切形式的错误，并用与正直品质相关的道德勇气去实现它。

不管你是否准备好了，都让最有价值的勇气和同情心成为你的指路明灯。在思想和行动上都要表现英勇。

制定个人荣誉准则，让自己每天自豪地生活，并愿意与他人分享。

英雄主义是为他人和代表他人服务的行为。英雄主义可以发展，可以教导，可以训练，就像其他重要的个人特征一样。成为英雄需要以社会为中心的导向，而不是以自我为中心的导向，因为每个人都有勇气。

任何人都可以学会勇敢。

每个人都可以有所作为。

在英雄的原型中认识自己

英雄开始勇敢地寻求完成一项非凡的行动，并通过这样做克服了障碍，即通常把他人的幸福放在自己的幸福之前。

你是英雄吗？ 问问自己下列问题：

- 如果你在挣扎，那么你在以什么方式面对恐惧？
- 作为一名领导者，你如何表现出勇敢并鼓励他人勇敢？
- 你愿意尝试新事物的例子有哪些？
- 如果你没有什么好害怕的，你会做什么不同的事情？
- 你曾经担心自己是旁观者吗？为什么？

第六章　发明家

> 发明家是有远见的人,
> 不断创新、改进过程和产品。
> 其想法的完整性是至关重要的,
> 他拒绝接受任何不优秀的东西。

如今，寿司店已遍布世界上的大多数大城市，在较小的城市也分布广泛。我们今天所知道的寿司都是起源于日本的，寿司已被广泛认为是一种小吃，通常是由街上的小摊卖给忙碌的人，很快的就像纽约市的热狗一样被人徒手吃掉。寿司业在其存在的大部分时间里，从未渴望拥有如此多的东西。但是这种曾经悠闲的态势已经发生了巨大的变化。

银座，作为东京的一个区，从外貌、感受等各方面来说都像极了美国时代广场和罗迪欧大道的宠儿，身披拉斯维加斯的光彩。该地区充斥着高级时装精品店、百货商店、汽车展厅、餐厅、酒吧、美术馆和剧院，当夜幕降临时，闪烁的霓虹灯和巨大的显示屏创造出了一种喧闹的多色灯光，可以与世界上任何一个地方相媲美。

你永远也猜不到数寄屋桥次郎寿司店藏在地铁站的什么位置，但是它被普遍认为是世界上最好的寿司店。预订店里的 10 个座位更是难上加难，你需要提前几个月预订，而且其高昂的价格无法在店内环境和简陋的特色开盘菜上得到体现——20 道主厨定制菜单目前的价格是每人 32000 日元。

第六章 发明家

一个小小的地下寿司店是如何吸引世界各地的爱好者，并连续八年获得令人垂涎的米其林三星的？这一荣誉让它跻身于世界上的顶级餐厅之列。

秘密就是这位用毕生精力致力于掌握寿司制作艺术的 91 岁老人——小野二郎。在小野二郎只有 7 岁的时候，他被迫切需要额外收入的家人送到了餐馆，于是他便在那里生活和工作。小野二郎说："我太小了，不能跟园丁或木匠实习。当地餐馆是唯一能接纳我的地方，这就是我最后选择这个行业的原因。"

寿司在小野二郎的生活、心灵和灵魂中根深蒂固，以至于他睡觉时都会梦到寿司。尽管年事已高，小野二郎也仍然在钻研寿司新的技术和方法，他在他的餐馆里继续着他的游戏。小野二郎在纪录片《寿司之神》中说："我一遍又一遍地做同样的事情，一点一点地进步。人们总是渴望获得更多。我将继续攀登，试图到达顶峰，但没有人知道顶峰在哪里。"

小野二郎是一位发明家，他拒绝终止自己的创作，并且捍卫自己想法的完整性，从而登上了自己事业的巅峰。

像世界上许多非凡的、有创造力的人一样，小野二郎拒绝生产任何达不到自己极高标准的东西。他还以 5 种不同的方式实现了这一点。

第一，小野二郎成了专家。在数寄屋桥次郎的早期，这家餐馆除了卖寿司之外，还卖其他很多菜品。然而，小野二郎意识到，人们如果一开始吃太多的开胃菜和其他食物，那么轮到正餐寿司时就吃不了几块了。这时，小野二郎决定百分之百地专注于寿司。在餐厅点主厨定制的菜单，最后你会得到 19 块寿司和一份甜点——通常是一片特别美味多汁的甜瓜。虽然你要吃的寿司每天都在变化——这取决于那天市场上卖的哪种海鲜最好——但每一块都承载着主厨的所有心血。

第二，小野二郎找到了他每天购买最好配料的供应商。例如，他与一种特殊大米的供应商建立了长期关系，因为他认为这种大米是世界上最好的，非常适合制作他的寿司。小野二郎与大米供应商的关系非常牢固，没有小野二郎的明确批准，供应商不会向任何人出售这种特殊品种的大米。同样地，当小野二郎的儿子祯一每天早上骑自行车去筑地鱼市买当天供应的海产品时，他便早已知道谁的食物是最好的了。每个供应商都是独立的专家，而小野二郎致力于与每个供应商建立长期关系。金枪鱼卖家每天都会选择筑地市场中最好的金枪鱼，然后骄傲地把它们提供给数寄屋桥次郎。

第三，小野二郎会督促自己去为顾客创造快乐。多年来，小野二郎指导他的学徒在章鱼准备好被端上桌之前，要对它进行 30 分钟的按摩。但秉承第二次世界大战后日本汽车工业和其他制造商广为人知的持续改进精神，小野二郎认为自己可以而且应该做得更好。因此，小野二郎的学徒们被要求在每天上菜前按摩章鱼 40~45 分钟，而不是按摩 30 分钟，以使章鱼更加嫩滑可口。

第四，小野二郎和他的团队会品尝自己的菜品，以确保每种成分都能达到完美的顶峰。在餐馆工作的每个人都会品尝当天的一点点配料——这里的一块鱼，那里的一个海胆。如果某样东西味道不太好，就会被丢弃，永远不会靠近顾客的盘子。

第五，也是最重要的一点，小野二郎是一名匠人——"一个通过自己的手艺体现出不懈追求完美且拥有工匠精神的人"。小野二郎从不满足于现状。他知道，他每天都在受到威胁，如果有什么可以改进的，他都会去做——不管需要多少成本或额外的时间。小野二郎不能接受任何不完美的东西，但他知道完美是一种成材的状态。这是一个从未实现过的理想，但必须要一直努力追求。

小野二郎是一个驱使自己去创造和保护自己思想完整性的人。对他来说，毫无疑问，他的手艺是无须质疑的——他是一个发明家，一个活生生的榜样，一个从不在卓越上妥协的人。

领导者的原型：发明家

没有什么比引入新秩序更困难的了，因为创新者把所有在旧条件下做得好的人都当成敌人，把在新条件下可能做得好的人当作冷漠的捍卫者。

——尼科洛·马基雅维利

发明家不断寻找改进工艺和产品以及完善工艺的最佳方法。他们是做许多小赌注的实验者，在追求巨大胜利的过程中愿意经历失败。他们提出这样的问题："我们如何才能让这一切变得更好？"

对发明家来说，保持自己想法的完整性是至关重要的。他们有远见,并且拒绝妥协。他们选择什么是最适合这个想法的,并且出色地执行。发明家有很高的标准,并向其他人发起挑战以达到这些标准。他们可能会考验你、挑战你、教授你,有时可能还会批评你——但这都是为了建立一个忠诚的团队,让他们的愿景成为现实。他们的正直激励他们保护每一个细节。根据定义,发明家不满足于现状,而是每次都渴望高标准和卓越。

发明家成功的关键:正直

实现你的幸福是你生活的唯一道德目标;而幸福,不是痛苦或盲目的自我放纵,是你道德操守的证明,因为它是你对实现价值观忠诚的证明和结果。

——艾恩·兰德

美国前参议员艾伦·辛普森曾经说过:"如果你拥有正直,那么没有什么比这更重要的了。如果你没有诚信,那么其他什么都不重要了。"

在英语中,正直意味着坚定地遵守道德准则。

在拉丁语中,正直意味着完整——你把你好的和坏的东西,优点和缺点,结合在一起。

在法语中,正直的意思是完整无缺——在任何情况下,你都可以保持完整无缺,即使这会产生相关的影响。

在希伯来语中,正直意味着力量。当你正直的时候,你就是一股不可忽视的力量。

当我提到诚信时，我指的是非常具体的想法：

性格。辨别你是谁，对你来说什么是对什么是错(你是谁)。

信念。承认你的信念并据此行动(你依存于什么)。

行为准则。尊重你的个人行为准则和你的行为方式(你是什么样的人)。

要正直，你必须知道你是谁，必须知道你代表什么，必须知道如何遵守你的准则。上述三点加在一起创造了一个完整的人——一个统一的、不可分割的人，一个世界上拥有强大力量的人。当一个正直的人进行发明时，没有人能阻止他。

一个正直的人愿意承担自己的创新所带来的后果——无论是扰乱市场还是改变生活。无论遇到什么障碍，他都会坚持自己的信念。正直的人做正确的事，不是因为他必须做，而是因为这对他来说是正确的。

几年前，我受邀给一群正在学习创业的大学生做主题演讲。邀请者希望我的演讲与如何领导公司取得成果并走向成功相关。

演讲那天，我站在房间的前面说："我是来和你们谈谈诚信的。"学生们爆发出掌声。

他们的反应令我满意。当我被要求谈论产生结果和变得更成功时，大多数人希望我谈论如何在商业上变得越来越高效，或是如何降低成本。但是这些雄心勃勃的学生并没有寻找捷径、快速解决方案或最佳实践来助力自己的成功。他们想要有意义的洞察力，而我正是为此前来。

我告诉他们，不管他们将来追求什么样的职业，培养什么样的领导风格，提出什么样的创新，他们都将承担很多责任。正如我向学生们解释的那样，商业、领导力和成功的一切都建立在正直的美德之上。这是引领我们前进的力量。

诚信不是商学院教授的概念，也不是商业计划中可实现的目标或结果，但没有诚信就没有创新，更没有进步及有意义的成功。

没有信任、诚实、自信和尊重，任何领导者都无法促进商业发展。总而言之，这就是诚信。

诚信是通过以下方式培养的：

信守承诺。对你的言行负责。

实话实说。令人不舒服的事实可能会在短时间内形成伤害，但谎言对你的伤害则是持续的。正直是说出全部真相，即使它可能对关系产生负面影响。

保持一致的道德准则。做正确的事情并不总是容易的，但是那些正直的人不会损害自己的道德准则，即使这意味着会有不堪设想的后果。

拥抱坚定不移的信念。创新需要承诺。永远不要损害你的愿景。

尊重每个人。培养忠诚最可靠的方法，是以你所期望的尊重来对待每个人。虽然它对你没有任何意义，但对他人来说却意味着一切。

建立信任。没有信任，就没有进步。有效的领导者激发人们对自己愿景的信心。在跟随你之前，你的团队必须信任你。

当赢得尊重、欣赏诚实、重视承诺和获得信任时，正直肯定会一同成长。当前述的一切不存在的时候，正直会另寻地方。

如果人们不能相信你的话——不能理解你的动机，不能尊重你的性格——你的想法就毫无价值，因为你永远不会建立你需要的团队来实现它们。

正直始于你。让它成为你的领导和业务的核心与灵魂。

缺乏正直的品质是很容易被发现的。当言语和行动不匹配，行动和承诺不匹配，承诺没有兑现时，团队就无法团结，创新就无法发生，抱负也就无法实现。

最后，我说服了大学生，要想成为一名伟大的领导者、创新者和发明家，他们必须始终如一地正直行事。要说服人们跟随你的愿景并展现你的想法，你必须是可信的；要可信，你必须可靠；为了可靠，你必须是可敬的。

发明家的领导力差距：腐败

腐败就像一团雪，一旦开始滚动，它就会不断增加。

——查尔斯·凯勒·考顿

当乔治和詹姆斯一起在大城市创办一家设计公司时，他们有着远大的理想和伟大的胸怀。他们想创立一家有意义且有诚信的企业。

乔治是合作伙伴中的艺术家——他曾在美国的新英格兰地区管理一所著名的设计学校，并指导公司的创造性决策。詹姆斯是一名工商管理硕士，他喜欢研究组织的细节。他是确保客户按时支付账单，以及确保供应商和员工保持快乐的人。这两个人努力工作，看起来正走向巨大的成功。但是公司成立两年后，我接到乔治的电话，他显然很不高兴。

"我不明白，"乔治说，"我们一起从零开始创立了这家企业，但詹姆斯太鲁莽了！我无法想象他为什么会那样做。"

乔治不知道的是，詹姆斯很长时间以来一直在计划关掉这家公司。乔治认为他们正在一起创造一些东西，但詹姆斯有其他想法——即为自己着想。

我知道这一点，是因为詹姆斯几个月前打电话给我，请我帮助他。在我与詹姆斯的会面中，他告诉我他对乔治作为合伙人这一点感到担忧，他希望我帮他解决问题。当詹姆斯和我再次交谈时，他暗示自己对乔治有一些道德上的顾虑。他没有明说这些道德问题可能是什么，事实上，他对整件事含糊其辞。我觉得这不对劲。我很早就与他们认识了，在我看来，乔治被称为不道德的人是不合适的。詹姆斯试图怀疑乔治的品格吗？我知道这个故事比詹姆斯告诉我的要多。我可以看出，詹姆斯正面临他的领导力差距。

当人们在明知不道德的情况下行事时，他们就是腐败的。他们寻找盟友来让自己感觉正确。几天后，我便非常清楚地知道究竟发生了什么事，因为詹姆斯试图招募我作为盟友。道德腐败经常发生在企业、团队和家庭中。但我没有站在他那一边。

詹姆斯已经准备好独立经营了，要把他的搭档乔治抛在身后。但他没有直接说出自己想说的话，而是"逃走"了。詹姆斯称乔治不道德，试图玷污他的人格。詹姆斯试图通过争取新的盟友来疏远旧的伙伴。

詹姆斯认为自己得到了我的注意，他确实得到了，但不是以他所希望的方式。对我来说，很明显地，詹姆斯试图把乔治描绘成不道德、冷漠、以自我为中心、专横和无能的人，但事实上，公司里与我交谈的每个人都这样描述詹姆斯——而不是乔治。詹姆斯品格的根源正在显现，他试图让我站在他那一边，这表明他缺乏正直。

不幸的是，这一伙伴关系破裂的种子已经播下了，没有回头路可走。我帮助他们解决了解散商业伙伴关系的问题,这样他们就可以分道扬镳,各自成立自己的公司了,他们也的确这样做了。乔治的信心当然被摧毁了。没有詹姆斯在身边,他不知道如何经营自己的公司。

乔治不停地对我说:"我觉得被背叛了,我不明白发生了什么。我希望这能奏效,因为我为我们的伙伴关系而非常努力。他为什么要这样对我? 他为什么要这样背叛我?"

事实证明,詹姆斯的腐败成了乔治的福气,当我们分拆公司时,没有一个员工想跟詹姆斯走,但是每个人都想跟乔治走。詹姆斯的生意最终失败了,而乔治却闯出了一片天地。

正直的人做正确的事情,即使没有人愿意,即使没有人在看——不是因为他认为这将改变世界,而是因为他拒绝被世界改变。正直的人不需要成为圣雄甘地或特蕾莎修女,只需要掌握能够设定高标准、帮助指导行动、激励他人跟随自己的价值观即可。

对诚信的真正考验不是你在最美好的日子里表现得如何,而是你在最糟糕的日子里表现得如何。你内心的态度有能力改变你生活的外表。不要让你的头脑告诉你的心该做什么,因为当心为信念而战时,头脑很容易屈服。当你明白自己的信念是什么时,它们能让你利用自己的优势并管理自己的弱点。正直使你完整,并能使你意识到自己对他人的影响力。

每天都有许多不同的诱惑威胁着我们的正直,这些诱惑可以用七种致命的罪恶来概括:愤怒、贪婪、懒惰、傲慢、淫欲、嫉妒和暴食。除了这些永恒的罪恶之外，我们不时还会感到强烈但消极的情绪，这也是正直的敌人。这些负面情绪腐蚀并摧毁着正直，即傲慢而不谦逊，没有良心的愤怒，不宽容的偏见，没有怨恨的牺牲，没有人性的耻辱。如果我们允许它们占据高地，那么它们就会在我们是谁和我们想要实现的目标之间留下一条鸿沟。

发明家的领导力差距原型：破坏者

若我们摧毁了周围一切，就是摧毁了自己。

——佛陀

腐败的领导者从内部摧毁所在的组织，对他们的员工、客户和公司造成非常严重的损害。他们没有号召人们渴望创造进步，即更好的想法、更好的产品、更好的员工、更好的团队，而是在追求自己的目标时让事情变得更糟。一个不正直的领导者是腐败的。没有发明意识的领导者就是正在毁灭的领导者。

破坏者不仅使其事业腐败，对他的员工的思想、心灵和生命也造成了不堪的影响。

发明家是正直的，破坏者是腐败的，他们之间的差距是明显的。这两种对立的领导风格以行动来区分。破坏者缺乏正直的品质，允许快速修复、偷工减料、损害质量和标准。一个发明家致力于将自己的个人价值观付诸实践，而不是简单地宣扬这些价值观。要克服破坏者的领导力差距，就必须毫不含糊地坚持高标准；让诚信成为你的想法、使命和领导力的指导力量；每次都选择伟大，而不是勇敢。

考虑优先事项：你的想法是为许多人服务，还是只为你自己服务？如果你想成为一名伟大的领导者，就要重新思考自己站在哪一边，因为在任何特定的情况下，选择都是你自己的。你可以毫不妥协地坚持自己的信念，成为伟大事物的创造者。但是，没有一定程度的正直，你就会发现自己被困在破坏者的缝隙中——腐败、肆无忌惮和不道德。

寻找好的，而非坏的一面。破坏者倾向于以消极的方式看待事物，因而抵消了好的一面。改变事物并充分利用自己的创造力、天赋和优势的唯一方法，是培养一种积极看待事物的习惯。积极是一个强有力的工具，当你在特定的情况下感到脆弱时，或者当你感觉有些不舒服或遇到令人沮丧的事情时，它就能派上用场。这是打开那些原本无法打开的生命之门所需要的万能钥匙。

不要批评，试着赞美。破坏者总是在做事的方式上挑毛病。当你不断批评时，你便得不到更多你想要的——而是更少。相反，应试着找出人们做得正确的地方，而不是错误之处，看着他们在自己的工作中表现得更出色。

做你想在这个世界上看到的人。人们不信任破坏者。如果你想让人们信任你，就要值得信任；如果你希望人们尊重你，那就要先尊重他人。如果你想要忠诚，那就要对他人忠诚。破坏者需要明白，他们必须成为他们想在世界上看到的人。

避免偷工减料。每一个破坏者都需要认识到，任何伟大的成就都不能靠偷工减料而成就——绝不偷工减料，绝不接受任何二流的东西。成功是通过拥有工艺的完整性、变革的力量，最重要的是，拥有正直的勇气来实现的。破坏者只有在认为可以通过偷工减料取得领先的情况下才会愚弄自己。

成为一个让腐败成为好事的破坏者，并达成那些无法实现的伟大成就。

成为创新型领导者

我们想鼓励一个拥有创造者、发明家、贡献者的世界，因为我们生活的这个世界，这个互动的世界，是我们的。

——阿雅·比戴尔

在所有的性格原则中，正直可能是最关键的。品格这个词来源于希腊语 charassein，意思是锐化或雕刻。这个意思本身让我们对我们自己的角色需要什么有了更丰富的理解。它不是不可实现的，它是可以发展和被加强的。

塑造正直需要谦虚地反省我们是谁，并从我们丰富的经验中寻求智慧。我们的性格不断要求我们更仔细地审视我们最深层的动机。

正直永远不会是自以为是的品格宣言，因为正直不断地要求我们忠于自我。正直一直要求我们应真实地面对我们自己和我们所做的事情；反过来它又告诉我们，为了拥抱正直，我们必须把它铭刻在我们的性格当中。我们需要培养与内心欲望相抗争的能力——理解我们的错误，识别我们的弱点，并将它们与后果联系起来，因为我们的正直性格不允许我们合理化或划分我们的差距。

诚信是一种个人选择，需要始终如一的承诺，不妥协地尊重道德、伦理、精神和艺术原则。

诚信需要知识所有权，它能产生真实性、透明度和美德。在任何时候，我们的行动都必须在我们做的每件事上反映我们的语言。

在任何时候，我们的话语都必须反映我们的意图。

只有当我们对自己的道德原则负责时，正直才能铭刻在我们心中。

正如哲学家阿尔贝特·施韦泽曾经解释的那样："生活的悲剧不在于我们的逝去，而是在于行尸走肉般地活着。"如果我们摧毁了自己的一部分，我们就会变得腐败；创造力和发明的力量将在我们体内消亡。

卡巴拉生命之树有两方面：一方面，你有理解智慧的选择；另一方面，你有管理自己选择的体系。

正直是我们所有部分的总和。整体性源于我们做选择的智慧和我们如何管理这些选择。

成为一名发明家，逐步超越破坏者的领导力差距：

了解你自己。 诚信首先从原则、意图和价值观开始，是基于价值观，而非个人利益的根深蒂固的行为。正直本身并不能让你成为一名伟大的领导者，但是没有正直，你永远也不会成为一名伟大的领导者。了解自己并不断地了解自己，同时要重新思考你是谁的问题。

设定较高的个人标准。 发明家力争做到最好，并以卓越的标准来评判自己。发明家发明的每样东西都必须是原创的，还要超出别人的预期，因此发明家会加倍努力地从人群中脱颖而出。人们盯着领导者，模仿伟大的领导者——他们如何行动、如何说话。如果你寻求伟大，就要用最大的力量展现你最好的一面和你的想法。

信守承诺。 简而言之就是：说到做到。如果因为任何原因你不能遵守你的承诺，那就要承担后果，要负责任，还要可靠、果断、坚定不移。

重视真实的沟通。 大多数领导人喜欢传递好的消息，并避免传递坏消息。但是有效的沟通是诚实、清晰和简洁的。让人们疏远的不是距离，而是缺乏交流。臆测不仅是关系的头号杀手，同时还会破坏领导力。

做出有意识的选择。 做正确的事情并不容易，尤其是有捷径的时候。但是，关注你的领导力差距就意味着重新思考你是如何做事情的，以及你为什么要做这些事情。正直永远是正确的方式。

尊重他人。 正直需要尊重，包括尊重文化差异、政治立场、创造性观点以及所有种族、年龄的差异。发明家重视原创性思维，他们尊重那些运用它的人。

追求卓越。如果你不想养成腐败、破坏性的习惯,那就要把追求卓越当成一种习惯。追求卓越可以化平凡为神奇,大多数情况下,卓越是一种态度,而非技能。

伟大的发明家领袖

沃尔特·迪士尼,他的正直是如此伟大,他坚持在迪士尼乐园魔法王国城堡灰姑娘壁画中邪恶的继姐妹的眼睛上试过12次不同的绿色后,才找到最能表达嫉妒想法的那一种颜色。

林·曼努尔·米兰达在音乐剧《汉密尔顿》中创造性地诠释了历史(尤其是通过他多样的选角实践),但他仍然坚持不懈地、忠实地、毫不妥协地保持了该剧历史细节的完整性。

布雷克·麦考斯,汤姆斯鞋(TOMS)的创始人和首席鞋匠,也是"一对一"理念的支持者,这是一种商业模式,可以帮助有需要的人购买每一件产品。布雷克发明了人们需要的东西,并以最高的标准和正直去完成它。

发明家体现了一种以卓越创新为中心的特殊领导风格。取得伟大成就的人有坚定不移的正直信念,拒绝妥协。想想小野二郎,他在全世界树立了新的寿司制作标准,他的正直激发了和他做生意的人的忠诚。发明家不仅仅是那些不懈追求卓越的人,他们还是定义它的人。

在发明家的原型中认识自己

发明家在跳出固有思维模式思考的同时,也保持着自身的完整性。

你是发明家吗? 问问自己下列问题:

- 为什么更高的标准对你来说很重要?
- 什么激励着你发挥创造力?
- 什么阻碍了你的创造力和创造力的流动?
- 你的鲁莽会在哪些方面给你带来问题?
- 你是达到了别人对你的期望,还是做了正确的事?为什么?

第七章 领航员

> 领航员是一名值得信赖的领导者,
> 他引导人们走向务实可行的结果。

艾斯特·富克斯是受人尊敬的公共事务和政治学教授，哥伦比亚大学国际和公共事务学院城市和社会政策项目主任。2002—2005年，艾斯特担任纽约市长迈克尔·布隆伯格的治理和战略规划特别顾问。她负责了三项重要的市长倡议，也是第一位担任纽约市宪章修订委员会主席的女性。

但是她的出身要艰苦得多。

艾斯特在纽约皇后区贝塞德一个东正教犹太家庭长大，是五个孩子中的第三个。她的母亲在社区中很是活跃，她的父亲——波兰移民——是一名钻石切割工，在他的犹太教堂当了四十年的唱诗班成员。从很小的时候起，艾斯特就适应了自己周围的世界，她在政治上变得活跃起来。艾斯特说，她有关政治的首个记忆是1963年约翰·肯尼迪总统遇刺。

艾斯特16岁时从贝塞德高中毕业，然后进入皇后学院。在此期间，艾斯特被选入县委员会，她参加了封锁长岛高速公路的反越南战争示威。她还获得了布朗大学的硕士学位和芝加哥大学的博士学位，最终回到纽约教书，先是在巴纳德学院，然后在哥伦比亚大学。

艾斯特·富克斯完成了一些很少有人能成功做到的事情：她在学术界的象牙塔和这个美国人口最多、最多样化的城市街头政治的现实之间找到并弥合了传统的鸿沟。艾斯特拥有罕见的能力，即能够通过找到新的解决方案，将合适的人带到谈判桌前来实施这些方案，以解决该市一些最具挑战性的问题。她通过信任他人，并赢得他们的信任来实现这一点。

对艾斯特·富克斯来说，从学术界转向管理纽约市并不容易，但在九个月内，她找到了如何游刃有余地在市政厅工作的办法，并将自己解决问题的方法应用到政府行政机制问题上。正如艾斯特所说，"所有我认为是巨大优势的东西，到头来都变成了巨大的劣势。我想，好吧，我愿意努力工作，我想把事情做完，我不欠任何人任何东西。事实证明，所有这些品质对政府中的人来说都没有吸引力，因为你怎么能控制这样的人？你如何管理这样的人？"

艾斯特意识到，她可以通过代表布隆伯格市长确定、规划和实施自己的项目来产生一些影响，布隆伯格市长对她的完全信任导致艾斯特被一名报社记者称为市长大脑的"左半球"。

尽管艾斯特每天都非常关心纽约市民所面临的问题，但她也关心培养和引导下一代年轻人在处理这些问题中所应扮演的角色。艾斯特说："大多数人都不知道，所以我教我的班级反思问题。学生必须了解如何理解问题的动态，以及如何处理政治的进程，以确保变革真正在发生。如果你不了解州政府和市政府之间的关系，利益集团政治是如何运作的，如何利用政治进程来实施变革，以及如何驾驭政治进程，那么很难有效地解决问题。"

艾斯特和她的学生们解决的问题之一是纽约皇后区牙买加湾被大量垃圾侵蚀的问题。

正如艾斯特向她的学生解释的那样，最简单的选择就是拿起电话，打电话给你在卫生部的同事。你可以要求那个人安排在牙买加湾岸边设置更多的垃圾桶，或者加大收集力度。然而，这种方法可能会导致你无法预料的后果，比如需要增加这个社区的城市预算，或者处理在垃圾桶里翻找东西的无家可归者。它并没有真正触及问题的根源，那就是人们往牙买加湾扔垃圾的这一行为。

或者，你可以试着找出在牙买加湾倾倒垃圾的真凶。这似乎是一件简单且显而易见的事情，一些你甚至都不用费心去想的事情。这需要更深入地挖掘，试图理解为什么和另一水域，比如曼哈顿西区的哈德逊河相比，牙买加湾有这么多特殊类型的垃圾。事实证明，当你探究得更深时，你会发现，皇后区有一个很大的印度教社区，其中一些人在海湾处进行宗教活动，而海湾中的垃圾主要是食物和包装纸——作为祭品被扔入海湾。

因此，治理牙买加湾污染的关键就是找出污染者。这些污染者不明白自己的宗教仪式会带来怎样的后果。在这种情况下，最好的方法可能是会见宗教团体的领导人，并试图向他们解释海湾被污染的事情，并要求他们想出一种不要在水中留下垃圾的方法来进行他们的宗教祭祀活动。按照这种思路，艾斯特找出了一个高效的解决方案。

布隆伯格市长信任她,并相信她是自己在当地的耳目。她以前没有担任过政治职务,但她不仅有聪明的头脑,还有一颗同样聪明的领航员的心。

在哥伦比亚大学里,艾斯特的学生们信任她,因为她帮助他们以实用和务实的方式理解并解决复杂棘手的问题。

艾斯特·富克斯是一名领航员,她带领其他人找出更有效的解决方案——不管他们是她的学生,还是政府或社区的成员。

艾斯特·富克斯可不是个简单的女性。她以实际、务实的方式,用领航员的心完成了非凡的壮举。你可能认为这是每个人都有的品质,但是再好好想想就会发现,虽然我们中的许多人着眼于问题并寻求解决方案,但我们不一定会有结果。艾斯特·富克斯的天赋和非凡的才能在于,她愿意重新思考自己所知道的一切,以全新的方式理解问题,并抓住问题的核心。虽然大多数人会迷失在细节中,但艾斯特·富克斯与众不同的地方,也是我们大多数人认为理所当然的地方,就是她以坚定而可靠的心态在困难的环境中航行,从而激发了信任。

如果人们不信任你,你就无法引导他们。如果没有人跟随,你就无法在一个组织中引发变革。领航员带你去新的地方,你对她足够信任并决定跟随。领航员鼓励你使用新的方法来解决问题,并提出更好的解决方案来获得结果。这就是为什么艾斯特·富克斯是我们这一代最重要的人物所信赖的顾问。

领导者的原型：领航员

> 一个被延伸到新思想的头脑，永远不会回到它最初的维度。
> ——奥利佛·文德尔·霍马斯

领航员知道他们需要去哪里，他们也会带领人们前往那里。他们这样做的可信度如此之高，以至于人们会选择信任并步步追随。领航员有一种让复杂变得简单，让简单变得容易理解的方法。他们熟练地指导其组织和其中的人更好地走出去。但首先，领航员必须能自己导航。

领航员会问这样一个问题："我们如何才能到达我们想要前往的地方？"

领航员成功的关键：信任

> 建立信任始于对信任的欣赏和理解，但也需要练习和实践。
> ——罗伯特·所罗门

信任是领航员与生俱来的素质。首先，他们相信自己和自己的领导能力。但是为了让领航员成功，他必须建立对他人的信任，即使他赢得了他们的信任作为回报。领航员有理解信任、赢得信任和建立信任的独特责任。

信任始于内心，还始于承认你自己的价值——这是对自我的一种验证。

第七章 领航员

所有的信任都是从内心开始的。

我们必须学会珍惜自己。

我们必须学会尊重自己。

信任被定义为"对某人或某事的可靠性、真实性、能力或力量的坚定信念"。五年多以来,我在与领导人和组织谈论信任时都使用了这个定义,但当我进一步探索时,我发现希伯来语中的信任一词还包含感到安全和粗心大意的意思。

粗心大意吗?

这个词引起了我的注意,因为粗心是信任的对立面。

我不得不再次问自己,粗心和信任有什么关系?

经过深思熟虑,我明白了。当你信任一个人时,你不必担心他会攻击你,或者利用你,或者试图摧毁你。如果知道自己是安全的,你便可以毫无顾虑地参与到这段关系中来。毫无顾虑是一种特权,它给我们一种值得注意的自由和成就感。信任就是毫无顾虑地接近另一个人,它让我们无所顾忌,让我们感到安全,让我们可以自由表现,还允许我们做真实的自己——没有伪装或担忧。

但是,信任让我们有可能受到伤害。

那我们为什么要冒这个险呢？潜在的事实是，我们通过合作比单独工作取得的成就要多得多。

无论我们是国家元首、首席执行官、领导、工人、志愿者、学生、家长、教师还是其他任何人，我们在一天中经历的大多数情况都包含一定程度的信任。你愿意与他人建立信任有助于你在生活和事业中向前迈进——否则，它会阻碍你前行。

在我的实践中，我经常遇到不信任自己且难以信任他人的人。

如今，对信任的科学研究主要建立在催产素的研究基础上，催产素对人类情感和行为有着强大的影响。在科学杂志《自然》上，研究人员迈克尔·科斯菲尔德、马库斯·海因里希斯、保罗·扎克和乌尔斯·菲施巴赫这样说道：

我们在此展示鼻内给药的催产素，即一种在非人类哺乳动物的社会依恋和联系中起关键作用的神经肽，导致人类之间信任的显著增加，从而极大地增加了社会互动的益处。

这一研究方向始于2001年，当时，保罗·扎克对大学生进行了信任实验，他相信催产素会改变他们与从未谋面的人——完全陌生的人——的互动方式。扎克和他的研究员同事招募了一组学生进行实验，然后给每个参与者10美元作为出席的报酬。在TED的一次演讲中，扎克解释了实验是如何进行的：

然后我们用电脑将他们配对。在那一对中，一个人收到一条信息说："你想放弃你在这里挣的 10 美元，然后把它转送给实验室里的其他人吗？"诀窍就是你看不见他们，你不能和他们说话。你只有一次机会。现在无论你放弃什么，对方的账户都会增加两倍。你会让他们更加富有。他们通过电脑收到一条信息，说有人给你寄了这么多钱。你是想把它全部留下，还是想退回一些钱？

扎克认为，现金从第一个人到第二个人的最初转移是信任的一种衡量。第二次现金转移——从第二个人转移回第一个人——是对可信度的衡量。扎克说："经济学家对第二个人为什么会还钱感到困惑。他们认为钱是好的，为什么不把它都留着呢？"

但事实并非如此。在处于第一决定位置的学生中有 90% 的人给对方寄钱。最令研究人员惊讶的是，95% 的收到钱的学生——他们处于第二决定的位置——把一部分钱退还给了最初给他们的学生。扎克表示，通过测量催产素，我们发现第二个人收到的钱越多，他们的大脑产生的催产素就越多；而催产素越多，他们得到的钱就越多。所以我们便有了信任的生物学。

当你为别人做好事时，他们的大脑会给他们必要的推动力，让他们放下防御，并做出同样的反应。这是信任的强大生化基础，也是我们可以在商业和生活中建立更多信任的基础。我们大脑产生的催产素越多，我们就越是信任，也就越快乐。

我们对待自己的方式为我们如何对待他人设定了标准。

别人对待我们的方式，就是我们对待自己的方式。

不要满足于信任以外的任何事情。

领航员的领导力差距：傲慢

思想越狭隘，自负越膨胀。

——伊索

我的客户是一名非常有成就的高管。尽管他在业界知名度很高，但他的领导力缺乏参与性。公司的人力资源总监打电话给我，希望我能帮助这位首席执行官在他们的组织内实施一项新的变革计划。有人给了我一个简短而直接的挑战："帮助我们让人们接受它。"

我在公司总部的红木办公套间里见到了这位首席执行官——其总部位于美国最大城市之一的一座摩天大楼里。为了让我们在第一次会面时便切中要害，我请首席执行官向我提供一些关于变革计划的背景资料。他的回答涉及很多关于变革的话题，他似乎对变革的需求做了充分的准备，这很好。 随后，我开始问更详细、更明确的问题，例如：他们计划如何推出变革计划？ 他们将如何让员工接受变革？

首席执行官非常傲慢且令我震惊地回答道："我们会告诉他们该做什么，他们会做的。"

"这真的是你的计划吗？"我问他。

"是的。"首席执行官回答道。

我告诉他,变革计划比告诉人们该做什么复杂那么一点点。

他看着我说:"作为一名顾问,你的工作不就是确保这次变革成功吗?"

"那你的员工呢?"我问,"你会考虑他们吗?"

"我们会告诉他们必须做什么,他们也必须这样做。"他重复道。

"那你呢?"我问,"你会尽你的职责吗?"

"你什么意思?"他问道,对我的提问方式他已经有点恼火了。

"嗯,除非你改变,否则什么都不会改变。"我解释道。

首席执行官点了点头,好像他明白了,但我可以看出他并没有真正理解我的问题的重要性。很明显,他关于实施变革举措的想法是相信无论他下令做什么,结果都会如他所愿。

但我对他很坦诚,告诉他事情不是这样的——他的变革计划不仅会失败,还将是一次历史性的失败。

然后我告诉了他一些他不想听到的事情:"你必须成为这个计划的一部分才能成功。它必须来自于你,必须从你开始。"

他说:"我太忙了,不能做这一切。我只想让你实现它,这就是我们雇佣你的原因!"

"如果你太忙而无法实现,"我问道,"你不认为其他人也有同样的感觉吗? 他们也会因太忙而无法实现。如果你没挤出时间,你怎么能指望别人挤出时间呢?"

首席执行官花了一段时间才明白自己必须承担责任。我要做的第一件事是确保他明白,如果要发生任何变化,首先必须从他开始。这种变化会波及组织、文化和他的员工。

在他看来,作为一名领导,他指挥员工,而员工接受他的想法。他的领导力差距是他的傲慢。这位首席执行官希望自己的员工能简单地相信他所说的一切,并付诸行动。对周围的人发号施令是他的领导理念。

我留给首席执行官一条非常重要的信息:"当你给予信任时,你就会得到信任。"当你信任你的人,当你给予他们所需要的东西,当你让他们成为愿景的一部分时,作为回报,他们也会信任你。相信他们,他们会跟随你的,而不会弃你而去。

领航员的领导力差距原型:清道夫

苦难吸引清道夫,就像被车压死的动物吸引秃鹫一样。

——尤金·彼得森

当我们想为他人领航时，有时会因走得太远而踩到别人的脚趾。因此，领航员的领导力差距就是变成清道夫（专门解决别人问题的人）：想要帮助太多、解决太多、拯救太多。

领航员和清道夫之间的领导力差距是一条很细的界线，有时很难识别。对于一名领航员来说，要有效地带领团队到达一个新的目的地、得出一个新的想法、进行一个新的冒险或总结出一个新的解决方案，他就必须赢得团队的最大信任。另一方面，如果一名领导太自负或苛求，期望其他人仿效，那么这名领导不会激励任何人这样做。没有人喜欢"万事通"。

清道夫是没有人信任的领航员。

领航员违反边界成为清道夫的最常见方式如下：

当领航员成为一名长期救助者。当你是不请自来的帮手，无法抗拒跳进来解决每一个问题的诱惑时，它很快就会成为你想要帮助的人的烦恼。虽然意图可能是好的，但吸引的注意力太多了。这位长期救助者有自己的生活，但他的希望和目标是与其他人的联系在一起。清道夫认为别人的需求比他们自己的更重要，他们从想要帮助转向需要帮助。他们希望其他人需要他们，并沿途对每个人施以援手，以获得被需要的感觉。

当领航员成为一名长期的清道夫。当你从解决问题到有拯救他人的强烈愿望时，就能很容易地看出这是如何造成很多麻烦的。这些好心的领航员经常从事帮助他人的职业，在这些职业中他们可以控制和修理他人。他们认为自己最清楚什么对别人有效，什么对别人无效，他们竭尽全力地去照顾别人。然而，也许更糟糕的是，当他们的援助不再必要或不再受欢迎时，他们会感到完全被拒绝了。

当领航员变成一名情感看护者，当你开始自我牺牲时，你就知道你不再是一名领航员了。相反，你已经成为一个情感依赖的人，并在坚持帮助别人。这与其说是关于指导，不如说是关于如何全神贯注于他人的问题，以至于这被用来逃避照顾自己的责任。

当领航员成为牺牲者时。有时，领航员不断地把别人的需求放在自己的需求之前，于是他们会有一种被需要的感觉。为了满足他人的需要而自我牺牲从来都不是一件好事。这些人经常因为神经质地痴迷于照顾他人而忽视自己。他们从来都不满足，因为他们不关注自己的需求，可他们经常感到筋疲力尽。即便如此，即使别人已经明确表示不需要他们的帮助了，他们也会坚持提供帮助。

当领航员变成细节型管理者时。如果你从不满足于人们做事的方式，那么你就是一名细节型管理者。如果别人的工作方式总是让你沮丧，那么你就是一名细节型管理者。如果你认为自己是唯一一个能够把事情做好，并且以正确的方式做好的人，你就是一名细节型管理者。在每个例子中，你对你的组织和其中的人造成的伤害均大于好处。

你越界了吗？

你是否发现自己在帮助别人的时候没有得到他们的帮助？

你是否坚持以你认为的合适方式帮助他人，而不是对方认为合适的方式？

你希望你的救援行动会让别人钦佩你吗？

你是否因为太累而难以专注或完成自己的工作？

当你无法帮助别人时，你是否感到完全无能为力和毫无价值？

你帮助别人主要是因为这是你获得积极关注的最佳方式吗？

如果你对这些问题中的一个或多个回答是，那么你就有边界问题了。这个问题会根据其大小来影响你成为一名成功的领航员的能力。

如果你能在你的领导风格中看到解决问题的要素，信任就是你和你的伟大之间的领导力差距。花些时间重新思考你对信任的了解，以及信任是如何建立或打破你的领导地位的。毕竟，成为一名伟大的领导者意味着能够成为他人信任的人来领导组织追求愿景。

领航员和探险家非常相像——探险家寻找新的土地，而领航员将船驶向岸边进行调查。

领航员帮助我们重新思考我们所知道的，反思我们不知道甚至我们不清楚的东西。

领航员是点燃我们的人，督促学习新的事物，倾听独特的见解，看看不同的事物。

领航员知道如何触动我们的心，因为信任是存在的。

利用内在的清道夫

决定不做什么，跟决定做什么同样重要。

——史蒂夫·乔布斯

领航员不尊重边界是会遇到麻烦的。对于每一个发现自己在寻找什么的优秀领航员来说，总有一个领航员在领导力差距中迷失方向。以下是利用内在清道夫的一些方法：

学会摆平清道夫。在你治好任何人之前，你必须先治好你自己。请一名伟大的辅导员或者找一个支持你的朋友来帮助你治愈童年时的创伤，并处理你成年后经历的所有损失。这可能是利用你内心的修复者最困难的部分——说起来容易做起来难，因为作为人类，我们是复杂的；作为清道夫，我们想要简化一切。

相信人们会自己照顾自己。你不允许他们自己照顾自己，不要总是主动提供救助、护理、安慰、保护或支持，要学会成为一名更好的倾听者和更具同理心的人。要富有同情心和体贴，但不要主动接管和处理与他人有关的情况。要学会与他人同在。

注意界限。如果你是一名清道夫，你有时会被其他人的挑战和问题所吞噬，从而忘记自己的界限。如果这听起来很熟悉，那你可以通过注意自己的边界和保护自己免受人质综合征的影响来减少这种情况，这也是我一再对我的客户所强调的，即你对另一个人的感觉已强烈到了让你成为他们的人质了。当这种情况发生时，你往往会迷失自我，做一些平时不会做的事情。如果你被其他人的感觉所吸引，以至于忘记了自己的感觉，那就应该建立一个健康的界限。练习从内疚和羞耻的情绪中脱离出来，这种情绪可能源于你对他人的同情，这可能会导致你做自己不想做的事情，最终让自己感到不舒服。在抵制这种冲动的过程中，你要把对他人的责任放在他们身上，而不是放在你身上，这才是责任的最初所在。

知道他们仍然会爱你。如果你是一名清道夫，你就会有一种深深的、强烈的被爱或被喜欢的需求，因为这是真的，你非常小心地不去做任何会导致你周围的人拒绝或抛弃你的事情。为了掩盖你的这一面，你倾向于解决和安排事情以获得别人的爱。这是一个难以接受的事实，但是人们并不需要你为他们打点好一切，只因你想让他们爱你或留下来。不要让你的修复成为一系列无情的牺牲。殉道者永远不会成功——没有人会赢。

成为引领他人的领导

如果你的行为激励其他人做更多的梦，学习更多，做更多，变得更多，那你就是一名领导者。

——约翰·昆西·亚当斯

说到古典音乐，你可能会想到作为乐队领航员的指挥家。数百年来，指挥家一直将自己对乐谱的常规看法强加给他们管弦乐队中的音乐家——有时是冷酷无情的。查尔斯·海泽伍德是一名英国指挥家，他指挥着世界各地的多支管弦乐队。他确信他的工作不取决于胁迫乐队中的音乐家,而是建立他们的信任。

海泽伍德的 TED 演讲

在过去,指挥、音乐制作不是关于信任,坦白地说,而是关于胁迫的。直到第二次世界大战及其前后,指挥家都是独裁者——这些暴君人物不仅会排练整个管弦乐队,还会排练他们每一个人,细致入微到令人发指。

然而,在查尔斯·海泽伍德这样的指挥家的带领下,这种范式已经站稳了脚跟。但海泽伍德仍继续说道:

"我们现在有了一个更民主的观点和创作音乐的方式——一条双向的街道。作为指挥,我必须带着对音乐外部结构的钢铁般的感觉来排练。在这种感觉中,管弦乐队的成员都有着广阔的自由度来让自己发光发亮。"

要成为一名高效的领航员和乐队指挥家,海泽伍德必须完全相信自己的头脑、想法和肢体语言。因为在每一刻、每一个动作,他的面部表情、言语和手势都有着非常明确的结果。

他挥动指挥棒,管弦乐队便开始演奏。

他停止挥动指挥棒,管弦乐队也停止了演奏。

为了让乐队成员能够倾听、理解和行动,他们必须完全相信指挥家的每一个动作和姿态。

海泽伍德也必须处于这样一个位置，他完全相信管弦乐队的成员能够传递自己脑海中所设想和听到的音乐产物。海泽伍德说，"在我和管弦乐队之间，必须有一种不可动摇的信任纽带，这种纽带产生于相互尊重，通过这种纽带，我们可以编织一种我们都相信的音乐叙事。"

指挥家要想成功，他必须相信自己说的是管弦乐队能理解的语言。管弦乐队必须理解并相信指挥家想要什么，然后把他的手势和信号作为一个整体，大家一起传递。信任是一支美丽乐章汇聚到一起的方式。没有它，一切都会崩溃倒塌。

当我们相互理解时，我们相互信任。

当我们互相信任时，我们一起创作最美的乐章。

一个人如何与另一个人建立信任的桥梁？那就是通过关注沟通、承诺、能力和性格。

注重沟通。重要的是人们如何交流，他们是认真倾听还是谈论别人？他们有反应还是进行互动？他们如何交流将决定我们是否尊重他们。

注重承诺。重要的是人们是否信守承诺，他们的承诺水平将决定我们如何回应他们。

注重能力。重要的是人们知道自己擅长什么，以及他们的技能如何有助于改变现状。变革将在能力范围内发生。

注重性格。重要的是你的性格，你是谁，你的行为方式是信任被给予、赢得和培养的源泉。

信任是执行的金科玉律的美德——当我们以自己喜欢的方式对待他人时，它让世界变得更为道德。

信任不仅存在于我们内心，它还延伸到你认识的人和你不认识的人——延伸到你的父母、同事、老师、老板和领导人，以及整个世界。拥有信任的人际关系至关重要。

最伟大的领导者是值得信任的，他们创造了信任的文化。根据《财富》杂志每年评选的100家最佳工作公司的"最佳工作场所研究所"的统计，信任管理层的敬业员工的表现要高出20%，离开公司的可能性要减少87%。不仅如此，上市公司在"100家最佳工作公司"名单上的财务表现比主要股票指数高出300%。

值得信赖的领导者会领导财务稳健的公司。当他们同时代的人挣扎时，他们能够经受住经济风暴，他们吸引并留住了最优秀的人才，他们继续在高水平上创新和解决问题。

他们是大师级的领航员，知道如何引导、指引、鼓励和激起他们的人民做出最大的贡献，因为他们对自己的要求和领导者一样。

值得信赖的领导者知道,他们与他人的关系是他们成功的关键,无论成功是如何衡量的。

值得信赖的领导者也有足够的独立思考能力,能够独立思考,而不仅仅是随大流。他们是坚强的领导者,会留意自己想要什么。他们有一种特殊的领导风格——领航员——并且知道需要一群人一起去做一些伟大的事情。创造伟大事物的方法从信任开始。

通过尊重来展示信任。给予荣誉,这是天赐的。当你值得尊敬的时候,这意味着你要按照某种行为准则生活——一种道德高尚的行为准则。

用钦佩来表示信任。对那些在技能和美德方面有能力的人表示钦佩——钦佩他们是谁,因为这是令我们高兴或引起我们共鸣的事情。当我们表示钦佩时,我们会说,"我尊重你给我的感觉"或者"我尊重你所做的工作"。

通过欣赏来展示信任。通过表示感谢,我们认可了出色完成的工作。人们可能为了钱而工作,但他们会为了得到认可和钦佩而付出额外的努力。

通过尊重表现出信任。当你高度尊重某人时,你清楚地表明你重视他。如果你对某人不太尊重,你就不会那么重视他。

以崇敬的态度展示。表达对他人的尊敬来自一种深刻的感情——对他人的深深尊重。尊敬是给予那些你高度重视其美德的人的。

在任何新的事物中，预见将要到来的一切几乎是不可能的，但这是领航员的强项。领航员擅长监督、操纵、引导和采取行动——必要时还能在途中自我修正路线。

他们会思考很多，然后寻求他人的帮助。

他们考虑到了天赋和训练，以及作为领航员的责任——有时甚至是老师——他们学会保持冷静，分析每一步，因为这一切对领航员来说很重要。

领航员把自己树立为可以依赖的人。

信任。领航员会亲自带着你前往目的地，他们给予和接受信任。

乐观。领航员们有希望和信心，认为需要做的事情一定会完成。他们将其所有的东西都放到明面上——甚至更多。

爱。领航员知道爱能征服一切，于是带来了无私的心和对奉献的品位。当人们深深投身于一项事业时，任何事情都有可能发生。

伟大的领航员型领袖

迈克尔·布隆伯格依靠提供可靠的财经资讯发展自己的生意，

然后利用他为自己创造的信誉带领纽约度过了一场艰难的金融危机。

雪莉·桑德伯格的职业生涯建立在成为一名值得信赖的顾问的基础上——先是拉里·萨默斯，然后是马克·扎克伯格，现在是全世界数百万女性的顾问。

纳西姆·尼古拉斯·塔勒布专注于随机性、概率性和不确定性的问题，他有一种独特而强大的方法来引导问题，帮助我们找到了解决方案。

当你想改变自己和他人的生活时（拥抱领航员的原型），将你自己的领导力从优秀提升到卓越。如果路上遇到障碍，做一个能找到务实方法的领航员。在邀请他人加入的同时，不断寻找其他途径，并下定决心迎接挑战。成为值得信赖的领航员，引导而不是操纵，更不是控制。

在领航员的原型中认识自己

领航员知道信任的重要性。他提供基于丰富经验和宏大视角的务实解决方案。你是领航员吗？ 问问自己下列问题：

- 谁来找你咨询，为什么？
- 当没有人要求时，你会以什么方式给出建议？
- 人们遇到问题时会找你吗？你认为自己为什么会成这样？

- 你如何从更广阔的角度看待事物?
- 如果一项任务看起来很困难、很复杂,你是否会自然而然地避免或解决它,结果如何?

第八章 骑 士

> 骑士是忠诚的保护者,
> 是坚定信念的捍卫者。

你知道杂货店货架上的那盒含糖谷类食品，或者冷藏箱里的一小桶无脂巧克力布丁(也装满了糖)，或者那些低脂焙烤糕点(还是涂了糖的)对你来说是健康的，但是杏仁、牛油果和鲑鱼却不是吗？

根据美国食品和药品管理局的官员的说法，答案是肯定的。事实上，美国食品和药品管理局称，加工过的零食对美国人来说比杏仁、牛油果和鲑鱼等未加工的食品更健康。

这个奇怪但真实的故事始于 1990 年，当时美国国会通过了《营养标签和教育法》，要求美国食品和药品管理局监管食品标签中营养成分声明的使用。尽管该立法的目的是阻止不道德的食品制造商试图用不健康的食品冒充健康食品，但非预期后果法则却导致了各种意想不到的结果。1993 年，当食品和药品管理局定义健康一词时，普遍的共识是任何种类的脂肪都被认为是有害的，而碳水化合物(包括糖在内)被认为是有益的。因此，为了被食品和药品管理局认为是健康的，食物必须是低脂肪或根本不含脂肪的。

快进到 2015 年 3 月 17 日。美国食品和药品管理局向肯德有限责任公司的创始人兼首席执行官丹尼尔·鲁贝茨基发出了紧急警告信，通知他的公司所生产的四种受欢迎的零食棒违反了《美国联邦食品、药品和化妆品法》。具体来说，每 40 克产品重量中，这四款肯德零食棒便含有 1 克以上的饱和脂肪和 3 克以上的总脂肪。

尽管巧克力棒的含糖量相对较低，但巧克力棒中的坚果——杏仁、腰果、花生——含有天然脂肪。因此，根据食品和药品管理局的逻辑，零食棒不配贴上对健康有益的标签。实际上，根据法律条文，肯德零食棒是不健康的，尽管它们含有的天然脂肪实际上是对健康有益的。

虽然美国联邦政府目前已推荐这些坚果作为健康饮食的一部分，但是标签规则还没有更新以反映当前的想法。事实上，这些指导方针仍然在鼓励二十年前流行的糖和其他碳水化合物的消费。

丹尼尔·鲁贝茨基在道德上被美国食品和药品管理局的禁令所触怒了，这不仅仅是因为政府毫无道理的法规。丹尼尔已经建立了一个有道德的公司，他百分之百地忠于他的公司所代表的理想，忠于购买他产品的顾客和他们生活的社区。丹尼尔做的每件事的核心都秉持这样一个简单的信念：商业不仅仅是利润。丹尼尔建立肯德公司是为了在世界上做出积极的改变，他致力于尽一切努力确保肯德公司在没有承诺的情况下改善人们的生活。

丹尼尔·鲁贝茨基在过八岁生日时已经就是一名典型的企业家了。他的第一份事业始于小时候在墨西哥城举办的魔术表演。十几岁时，他和家人搬到了美国，开始为他人提供割草服务，然后在当地跳蚤市场经营手表生意。高中毕业后，丹尼尔就读于三一大学，获得了经济学和国际关系学士学位，同时拓展了手表业务——即租用报摊来销售他自己的产品。

丹尼尔年轻时，他的父亲——大屠杀的幸存者——给他讲述了自己小时候在纳粹占领期间和在集中营的经历，有些经历令人不寒而栗，有些则令人振奋。在达豪集中营，一名纳粹卫兵同情丹尼尔的父亲——并给了他一个腐烂的土豆吃。如果这个行为被营地的指挥官发现，警卫就会受到严厉的惩罚。这种小小的仁慈——加上对生活的坚韧——帮助丹尼尔的父亲活了下来。

从斯坦福大学法学院毕业并在麦肯锡公司短期工作后，丹尼尔决定放弃大有前途的法律职业，去以色列接受为期一年的进修。1994年，他创办了和平事业，这是一个致力于"通过企业实现和平"的组织，通过销售以色列人和阿拉伯人共同制作的一系列流行的香蒜酱和橄榄酱来实现和平。丹尼尔说，"我在人们之间努力架设桥梁，我要阻止那些发生在我父亲身上的事情再次发生在其他人身上。"

在父亲于2003年去世后，丹尼尔于2004年创办了肯德公司，在人们之间搭建桥梁的同时，公司还生产和销售健康的零食棒。十多年后，丹尼尔的公司已经销售了超过十亿根零食棒，还发起了肯德运动。据该公司称，该运动已经激发了一百万次的友善行为——甚至小到给建筑工人分发冷饮、领导捐衣活动、给当地英雄写感谢信、给同事送咖啡。"友好运动，"丹尼尔说，"是一个人们在情感上与我们联系在一起的团体，因为我们正在努力推动世界的变化。"

丹尼尔以对他的员工和公司的事业极其忠诚而自豪。这种忠诚深深根植于公司的每一方面，它始于公司的招聘过程。丹尼尔说："我们非常注重招聘，因为我们团队中的每一个全职成员——我们称之为家庭——实际上都将成为共同所有者和股东，在日常生活中充当品牌大使。"

最终，美国食品和药品管理局的信并没有导致肯德公司受损，相反，公司还从中获益不少。毫无疑问——围绕着美国食品和药品管理局的通知有着负面的报道，但是丹尼尔花了时间重新思考作为一个对顾客负责的有道德的公司意味着什么。公司很快宣布，在"一些营养、公共卫生和公共政策领域的全球顶尖专家"的支持下，该公司已经向美国食品和药品管理局提交了一份公民请愿书，敦促该机构围绕"食品标签健康"一词更新其法规。

丹尼尔说："这种经历很痛苦，但它让我们变得更强大。当我们5年后回过头来再看现在，公司将会因为我们所学到的知识和我们与客户之间的忠诚关系而在健康和福祉方面飞速前进。"

2016年5月，美国食品和药品管理局宣布，肯德公司可以将"健康"重新贴上标签。食品和药品管理局也承认（部分是由于该公司员工的请愿），健康食品的定义需要更新，该组织将寻求公众和食品专家的意见。

甚至在食品和药品管理局采取这一行动之前，丹尼尔就确信自己做的是正确的。"在我看来，"他说，"成功是对你所信仰的东西保持忠诚。它仍然忠于一个理念——即忠于人民。如果你想做正确的事，如果你想保护和支持一份有意义的事业，你必须坚持到底。如果你想在世界上做正确的事，你必须忠于你的愿景——即使这会让事情变得很困难。"

丹尼尔·鲁贝茨基是一名骑士——他不仅忠于自己的人民和客户，而且还忠于自己的梦想，那就是对周围的世界产生积极的影响。他不怕重新思考自己已知的东西，并为正义而战。丹尼尔说："我觉得肯德最令人兴奋的是——这也是让我不想卖掉公司的原因——向人们证明有一种新的做生意的方式。你可以把善良放在你工作的首位，为你周围的人服务。"

领导者的原型：骑士

战斗吧，勇敢的骑士们！ 人总有一死，但荣耀却会永存！ 战斗下去，宁可战死也不要失败！ 勇敢的骑士们，战斗吧！ 明亮的眼睛可都在看着你们啊！

——沃尔特·斯科特

骑士主要是与骑士精神以及保护联系在一起的，但是他们被战斗所驱使，去捍卫他们的信仰，并献身于服务。骑士们表现出强烈的忠诚和与他人的伙伴关系，同时保护人们并把他们联系在一起。骑士知道领导者必须忠诚——那种可信任、靠得住、充满奉献精神的忠诚。骑士会站在你身边，在他们为自己服务之前会先为你服务。

骑士们总是问："我能为你服务吗？"而其他人在想："我该如何

为我服务？"

莎士比亚写道："我将带着真理和忠诚跟随你，直到最后一刻"，这给了我们一个忠诚骑士的形象。罗马剧作家特伦斯称骑士为"有着古老美德的人"。

我们很幸运能找到忠诚的领导者；作为领导者，我们也很幸运地能找到愿意支持我们渡过难关的人。忠诚是我们职业和个人生活中的一个基本要素——它是将人们联系在一起的纽带。

骑士成功的关键：忠诚

忠诚不是灰色的。它是黑白的。你要么完全忠诚，要么根本不忠诚。人们必须理解这一点。只有当其为你服务时，你才能忠诚。

——沙尼

骑士是他们的使命和组织的保护者、捍卫者和信徒，是他们的合作伙伴，甚至是他们的客户。我们的骑士是忠诚的。

作为领导者，当你有骑士的身份时，当你保护和服务他们时，你的员工会感到安全。当他们感到安全时，他们可以作为个人采取大胆的行动——这些行动可以引导你的企业走向新的机遇和成功。忠诚是关于联系和保护的；它是作为一个整体——一种伙伴关系——为彼此提供安全保障，必要时给予情感支持，保护那些为我们工作的人以及我们为之工作的人。

但是忠诚不仅仅是一起工作和相互联系，还是关于以让人们感觉更强大的方式汇集他人的才能和优势的。在组织中工作的人是想贡献和有归属感的人——他们想知道自己在捍卫一些有意义的东西。大多数每天花时间去工作的人不仅仅是为了薪水——而是因为他们想把自己的心思放在有意义的事情上，他们想让自己的心与有意义的事情产生共鸣。

骑士知道如何释放人们的火花，赢得他们的忠诚。

根据一位研究忠诚的专家詹姆斯·凯恩的说法，"忠诚就在你的头脑中"——这与我们人类经历的其他情感没有什么不同，包括快乐、悲伤、爱与恨。

凯恩说："就像任何情绪一样，它是我们大脑对某些刺激反应的结果。我们的大脑能看到、听到、感觉到或感知到各种各样的事物，这些事物在我们体内引发了非常具体的情绪反应，通常是伴随着一些相关的行为的。"

凯恩认为，决定我们是否对另一个人、产品、品牌或组织有忠诚感有三个具体的因素。即：

信任感。信任是我们建立忠诚的基础。如果我们不相信某人言行一致，那么我们所感到的忠诚可能会转瞬即逝。

归属感。当我们有归属感时，我们会感到与另一个人、产品、品牌或组织的个人联系。我们认同某人或某事，并通过忠诚来巩固我们之间的联系。

使命感。 当首席执行官描绘一幅鼓舞人心的未来愿景时,他们会创造一种目标感,以吸引人们去关注他们以及他们的产品、品牌和组织——这也会赢得他们的忠诚。

正如凯恩所说:"我们希望我们的领导人像我们一样,像我们一样思考,像我们一样行动。"我们都渴望成为骑士,我们对我们中的骑士忠诚。那你怎么能在自己的组织中找到一名骑士呢?

骑士型领导者总是为他人服务。 骑士以忠诚和奉献的双重理想服务。他们从"我怎样才能帮助你完成这项工作"的角度来看待事情——知道如果他们全力以赴,其他人也会以同样的热情全力以赴。

骑士知道忠诚是关于可靠性的。 当可靠性出现时,人们会感到被赋予了权力。是的,当人们在一起的时候会更为强大。但是如果你知道有人在照顾你——看着你——你可能会觉得自己是不可战胜的。

骑士有坚定的决心要忠于他的人民。 当领导者完全忠于自己的员工时,员工会感到内心的决心非常强烈。当领导者站出来说道,"我会为我的人民做任何事",员工们会觉得自己有能力去冒险。

骑士会展现出自己的能力。 领导者必须在技能上有能力——他们必须掌握所在岗位所需的知识,具有良好的判断力,并展示出显著的能力。领导者也必须有坚强的性格和果断的态度。他们的勇气和信心是毋庸置疑的,他们还必须为其他人树立榜样。

对骑士来说,忠诚的定义是对一个人、一个团体或一项事业的承诺。骑士有能力、有魅力且迷人、勇敢、有尊严、尽职尽责。他有强烈的自我看法，甚至更强的头脑，但他却带着温柔的心去领导。

骑士的领导力差距：自私

当然，自私的偏见是你想要摆脱的。认为对你有好处的东西对更广泛的文明有好处，并基于这种为自己服务的潜意识倾向来使所有这些荒谬的结论合理化，这是一种非常不准确的思维方式。

——查理·芒格

我被召去协助一家位于亚洲的工业集团。在许多类似公司萎缩的时候，该公司正经历着快速增长。该公司的领导层通过非常聪明的策略实现了这一增长，包括闪电般地收购竞争对手来扩大自己公司的投资组合。

我的工作是通过指导该公司的首席执行官弗朗西斯卡如何与新的母公司很好地融合，来确保收购的平稳过渡。

这种转变需要两年时间，弗朗西斯卡需要很多人的帮助和支持——尤其是新收购公司的前首席执行官林。母公司做了一笔不错的交易——给了林一笔可观的报酬，但也要求他继续担任两年的有偿顾问，以帮助新任首席执行官完成转型。

当收购团队进行尽职调查时，公司的每个人似乎都对这一变化很友好、渴望和兴奋。但是一旦收购完成，情况就完全不同了。

每当弗朗西斯卡在身边时，林就会把门关起来，当新首席执行官想和他说话时,林总是很忙。不仅如此,在会议上,林还公开批评弗朗西斯卡,取笑她说话的方式。他还模仿她浓重的法国口音,说:"我听不懂你的话——你能用英语说话吗?"他没有放过任何贬低弗朗西斯卡的机会。

起初,我的客户弗朗西斯卡不知道如何回应他的轻蔑。她感到被背叛了,非常伤心。在我们的辅导电话中,她说,"我需要林的支持才能成功。没有他,我做不到。我把全家都搬到这里,坦白说,我可不能失败。"

我让她放心,说:"我们只需要在现有的情况下工作,我们会尽一切可能让它发挥作用。你必须做的第一件事是弄清楚发生了什么。召集一次会议,让你们两个搞清楚这件事。"

经过多次反复的电话,当会议最终定下来时,弗朗西斯卡松了一口气。但在会议召开前不久,林取消了会议。他发了张便条,说他太忙了,他们应该尽快重新安排时间。几天变成了几周,会议仍然没有再次定下来。每次弗朗西斯卡走进林的办公室,他都挥手让她走开,并承诺会找时间再聊。

我们终于想出了一个主意。弗朗西斯卡邀请林和他的妻子去她丈夫的新家吃饭。林接受了。晚餐变得热情友好,让弗朗西斯卡相信她终于赢得了她所寻求的忠诚和支持。

但这并没有持续多久。几天后,弗朗西斯卡注意到林又变回原样——即只为自己服务,而不是为公司服务。他召集他的高层人员,开了一整天的会议。起初，弗朗西斯卡试图假定他是无辜的——希望他只是在支配自己的旧部队。但是当拜访新客户的行程里没有她的参与时，她知道这必须要停止。

"这不管用，"她在我们下一次辅导时告诉我。"我不明白——我愿意和他一起工作，但他不愿意和我一起工作。他正在破坏整个收购和成长的机会——我在这上面遇到的麻烦可够多了。"

"你为什么不跟林的下属们谈谈，"我建议，"看看他们有什么不满？ 他们需要明白林最终会离开，为了成功，他们必须忠诚而不是自私。你必须让他们成为变革计划和组织重新设计的一部分。给他们突出的位置，让他们的声音被听到。你成功的唯一途径就是让他们加入，你必须赢得他们的忠诚。"

所以弗朗西斯卡召集了一次与林的下属们的会议。事情不太顺利。他们对以前的老板很忠诚，且没有做出改变的动机。很明显，那些能帮助过渡的人——那些能使两家公司合二为一的人——并不打算施以援手。

我的委托人非常沮丧。"当那些人对他们曾经的老板如此忠诚时，我怎么能让事情成功呢？"她问道。

显然只有一个解决办法。

"林必须离开，"我指导她，"他现在必须离开。不是在接下来的几周、几个月或几年，而是在接下来的几天。他不能参与过渡期。"

弗朗西斯卡向董事会提出上诉。最终，他们同意解雇前任首席执行官，立即生效。

一如往常，林的忠诚团队的一些成员跟着他离开了公司，而其他人留了下来。弗朗西斯卡告诉那些留下来的人，自私的态度是不会被容忍的。随着林的出局，她很快赢得了公司高管和员工的尊重和忠诚，过渡立刻顺利了起来。

我在各种规模的组织和各行各业中都看到了一种截然不同的模式：缺乏忠诚领导者的公司最难雇佣和留住人才。凯业必达最近对人力资源专业人员和招聘经理进行的一项调查显示，大约 1/5 的员工（22%）对目前的雇主不忠诚，并计划在一年内离职换工作。

根据之前的凯业必达调查，给出的不忠诚的一些原因包括：

"觉得我的雇主不重视我。"

"雇主给的薪水不够。"

"我的努力没有得到认可或赞赏。"

"没有足够的职业发展机会。"

忠诚的员工一次一次地变得不忠。许多领导者甚至没有注意到他们的同事或同龄人何时会产生不忠诚或自私的态度，因为这是一种缓慢而微妙的解体。只有在不忠实塑造自身之后，自私的态度才会以一种可以被发现和解读的方式出现。

将自私的态度视为美德意味着摧毁任何对爱情、友谊和社会的希望——即那些给我们的生活带来最基本的快乐和满足的东西。

骑士的领导力差距原型：唯利是图者

聪明人本能地理解把我们的未来托付给自私自利的领导者的危险，他们利用我们的机构——无论是公司还是社会部门——来推进自己的利益。

——吉姆·C.柯林斯

骑士的领导力差距是唯利是图的领导者，他不在乎为他人服务，只在乎为自己服务。当骑士问："我能为谁服务？"雇佣军首领则问道："我该如何为自己服务？"

雇佣军领导者总是围绕着他们。如果一个领导者不明白领导力是为他人服务，那么他们就不会从他们所领导的人那里获得忠诚。任何以自我专注或自我痴迷为主导的人都是不会成功的领导者。

雇佣军领导者具有以下素质：

缺乏奉献精神。 当你的领导者没有投资于他们所领导的人时——当他们不支持或指导他们的同事，或指导他们的团队时——这就显示出了不感兴趣。一个不致力于他人成长和发展的领导者不会对他的人民的成功进行充分投资。一个忠诚的领导者知道投资于他的员工发展的重要性，因为领导能力就是对你的员工做出承诺。我们对待他人的方式将决定我们自己的成败。

忠诚不足。当领导者不保护他们的人民时，人民就不会感到安全。安全很重要——如果没有安全，就没有忠诚。仅仅对某人说"你应该感到安全""你的工作是安全的"或者"你可以依靠我"，并不能让某人对你或者你的组织忠诚。最好的领导者首先表现出忠诚，让员工知道领导者支持他们，并将保护他们。这就是忠诚的领导者所做的。

缺乏问责制。当领导者不能对自己的错误和失败负责时，他们便倾向于责备他人，包括那些为他们工作的人。员工由此滋生出不忠。最好的领导者知道忠诚是通过每天的行动和决定赢得的，因为领导者的言行都是能带来后果的。

能力不足。当领导者缺乏专注力，很难注意细节时，他们就会被视为无能的领导者。不能履行义务的领导者不仅会失败，而且会失去追随者的忠诚。领导力是关于表现的，是关于开始某事并顺利完成工作的。

忠诚不是灰色的，它是黑色或白色的——要么完全忠诚，要么根本不忠诚。

利用内在的唯利是图者

一名真正的战士只能为他人服务，而非自己……当你成为唯利是图者时，你只是一个拿着枪的恶霸。

——埃文·赖特

弥合忠诚的骑士和自私的唯利是图者之间的差距，需要明白领导力是来自奉献、献身和责任之处的。伟大的领导者从不自夸，不寻求头衔，也不需要记录谁对谁错。

骑士领袖在为光荣的事业而战的同时，也要尊重、保护并坚定地支持他们。作为回报，他们也会收获忠诚。骑士清楚忠诚不仅仅是有人支持你的想法；也是人们能在逆境或顺境中都能信任他的想法。为什么？因为他们了解他的经历，也看到了他的奉献精神。他对人民的爱和崇高的事业是驱使他前进的动力。骑士不想做容易的事，他想做的是正确的事。当生意进展顺利时，忠诚是很容易的。但是当事情变得具有挑战性时，忠诚就会受到考验，而那也正是真正的忠诚占上风的时候。

当一名唯利是图者可能会觉得更容易成为领导者，但在本质上看，伟大的领导者知道自己成功的关键是首先为他人服务，而不是为自己服务。当有人认为应该先为自己服务、后为他人服务时，就会产生领导力差距。对于有这种偏见的领导者来说，做出改变并不容易——首先需要重新思考什么才是真正对组织最有利的，最终才是对他们自己最有利的。要明白，领导者是需要别人跟随的——毕竟我们又不是光杆司令。为了成功，我们必须成为那种首先为他人服务，而不是为自己服务的领导者。

注意人们给你反馈的方式。 如果你花一点时间停止专注于你自己，你将能够分辨出某人是否感到沮丧、烦恼或仅仅只是沮丧。注意他们的语气，以及他们的回答是草率的还是经过深思熟虑的。这些迹象表明他们对你或你的行为没有反应。要倾听他人的言语，在你的谈话中把更多的注意力放在他们身上。

设身处地为他人着想。并非一切都与你有关——许多事情都与他人有关。唯利是图者是自私的，所以认真倾听别人的话并努力吸收他们告诉你的一切是很重要的。这似乎是常识，但当我们中的一些人在交谈时，我们只是听到人们在说些什么，而不是真正地明白了或是听到心里去了。试着设身处地地为别人着想。要有同理心、同情心和理解力，这样你就不会被认为是自私的了。

了解你周围的人。尽你所能地与人们深入联系，了解他们，并对他们产生充满诚意的兴趣。当人们对你表现出兴趣时，你也要做出相同的反应。当你和别人相连时，别人也会给予你相同的回应。毕竟这个星球不是围着你转动的。

无论你采取什么行动，都要想想别人，而不仅仅是你自己。无论你做了什么，无论你采取了什么行动，都不要只是为了实现自私的目标，而要想想它会如何造福他人。有了这种心态，你就一定会找到愿意在事业中帮助你的人。不仅如此，你所采取的行动将会为许多人带来更大的利益，一旦你实现了自己的目标，你将会获得更多的回报。

当你停止为自己服务，开始为他人服务时，你便会体验到最终为自己的伟大找到目标意味着什么。

成为骑士团长

> 骑士精神永恒，不因名利，唯崇行动！
> ——德扬·斯托扬诺维奇

成为一名伟大的领导者不仅是能够胜任你的工作这么简单。虽然能力是领导力等式的重要组成部分，但人际交往技巧也同样重要。你必须在个人层面上与他人进行沟通，展现出对他人真正的关心。此外，骑士领导者允许他们的人民对这种关怀进行汇报。最好的领导者知道自己不能忽视团队的需求和期望。两者之间必须有一种联系和理解，投入时间建立这种联系的领导者会得到其人民作为回报的忠诚。

骑士走向伟大的道路是直接的：

清晰表达真实的愿景。当领导者创造并传达了令人信服的愿景时——即基于一个与他的人民心灵相通的有价值的事业——员工将永远被这个愿景所激励。

说话算数。伟大的领导者相信行动胜于言语。他们明白，行权力者要能够言行一致、以身作则，因为在他们的榜样中，忠诚的重要性是清晰、准确、有力和真实的。

仔细倾听。真正伟大的领导者明白倾听其人民的重要性，知道他们在工作和家庭生活中想要什么，弄清他们的驱动力并激发出其热情和对工作的高参与度是获得他们忠诚的最好方式之一。

忠于自己。如果你对自己都不诚实,行为也不正直,那么你就不能指望你的员工对你忠诚。忠诚孕育忠诚,反之亦然。对你的员工要诚实,即使这很伤人。当你的员工知道对他们诚实会让你付出代价时,对你的尊重就会不请自来。

关心你的员工。首先要了解作为人的员工,然后才是作为劳动者的他们。寻找机会在个人层面上与他们联系。了解他们的兴趣、爱好、抱负和目标。你的公司最有价值的资产不是它提供的服务或它制造的产品,而是它雇佣的人。

尊重他人。作为一名骑士,你必须展现出自己最好的一面,以示对他人的尊重。为了赢得你的员工的尊重和忠诚,你必须以身作则。还要赋予他们决策权,并鼓励他们成长和创造机会。

只领导业界精英。员工的选择和顾客的选择一样重要。进入哈佛大学或普林斯顿大学比受雇于美国西南航空公司更容易——美国西南航空公司去年只雇佣了 371 202 名求职者中的 2%。你选择在哪里工作和你为谁服务一样重要。

伟大的骑士型领袖

特蕾莎修女对天主教会和她所服务的贫困人民的忠诚是坚定不移的,尽管她质疑过自己对上帝的信仰。

赫伯·凯莱赫创建了美国西南航空公司,并创造了一种独特的公司文化，这种文化对员工来说既低成本又有趣，对该航空公司的忠实乘客来说也是如此。

吉尔·爱博松的职业生涯看似一马平川，从华盛顿分社的社长一路晋升到了《纽约时报》的执行编辑。之后，公司大张旗鼓地解雇了她，但她却还从未说过他们一句坏话。

骑士以多种方式服务。当你给你的员工提供机会、头衔和职位时，你希望他们对得起这些角色。可以说，忠诚是自己挣来的。

当你用你最好的技艺和能力展现自己的全部时，你也就赢得了他人的忠诚。

当你创建了这样一个团结的团队，即其成员为了他们自己的利益——也为了组织的利益——相互确认他们的承诺时，你就赢得了他们的忠诚。

以互惠的忠诚和服务为指导。如果你的服务变得自私，就要小心了。当你作为骑士领导者时，你的伟大有着深远的意义。

在骑士的原型中认识自己

骑士靠忠诚、保护人民和维护令人钦佩的目标而生活。

你是骑士吗？ 问问自己下列问题：

- 为什么为他人服务对你来说很重要?
- 为什么你觉得保护他人是自己的一大责任?
- 你个人的荣誉准则是什么?
- 别人认为你是傲慢还是自私?为什么?
- 你对自私自利的人有什么反应?

第九章
有光就有成就伟大的希望

尽管黑暗重重,希望仍能看到光明。

——德斯蒙德·图图

我们大多数人认为，一个展现自信、相信直觉、坦率直言、以勇气和正直领导、培养信任和忠诚的领导者是罕见的。

但我希望我已经让你相信我们当中有很多伟大的领导者，现在认出他们则要容易一些——你被反抗者、探险家、说真话者、英雄、发明家、领航员和骑士所包围着。你现在看到他们了吗？

我与成百上千的组织——无论大小，在每一个行业中，分布在世界各地——一起共事，训练成千上万名领导者如何克服他们的领导力差距，做出伟大的事业。大多数人开始明白使命比利润更重要，人比过程更重要，钱可以用不剥削他人的方式来赚取，对社会和世界产生积极影响不仅可行，而且有益。

我们有时直到亲眼所见才愿意去相信；有时必须理解它才能领会它；有时我们只需要经历它，就能看到其中的智慧。

"希望之城"是一家非营利性私立医院、临床研究中心和研究生医学院，主要位于洛杉矶郊外的一个校园内。该组织是由一群志愿者创建的，他们在1913年特许成立了犹太消费救济协会，通过建立一个免费的非宗派疗养院来抗击肺结核病的传播。疗养院最初只是该组织购买的一小块土地上搭出的两个帐篷小屋。

随着疗养院的发展,它渐渐获得了"希望之城"的绰号——它的使命从抗击肺结核扩展到了治疗其他疾病。今天,"希望之城"是世界上最著名的癌症治疗中心之一,该组织一直站在抗击糖尿病和艾滋病毒/艾滋病的前线。"希望之城"始终坚持其人道主义愿景,即"健康是一项人权"。本着这一愿景的精神,塞缪尔·H.戈尔特——"希望之城"的早期领导人之一——说了这样一句话:"我们若是在该过程中摧毁了灵魂,那治愈身体也就没有任何益处了。"

一天下午,罗伯特·W.斯通拜访了这个学校,正是这些已经成为"希望之城"信条的言语,深深地打动了他的心。他当时并不知道自己后来会成为"希望之城"的首席执行官。

罗伯特·W.斯通是南加州人,在惠提尔长大。他在雷德兰兹大学打了四个赛季的篮球,获得了政治学学士学位。他获得美国大学体育信息主管颁发的奖学金,职业得分在雷德兰兹大学排名第15位,即1077分。"我从未想过要当首席执行官,"他说,"我是冲着打篮球才去雷德兰兹大学的。"

罗伯特继续在芝加哥大学学习并获得了法律学位,毕业后回到加州从事商业法律工作。"芝加哥太冷了。我冻得受不了了才回来的。"他说,"零下40℃让你什么都做不了。"罗伯特在职业生涯早期,决定前往南加州一个离他老家不远的一家小公司工作。两年后,他接到了一个在"希望之城"总法律顾问办公室工作的人的电话。"我们需要帮助,"打电话的人说,"我需要你来我们这里。"罗伯特听说过"希望之城",但他不认识这个组织的任何成员。罗伯特拒绝了这一好意,不止一次,而是两次。但是总法律顾问办公室的人坚持不懈,又试了一次。

"如果我在自助餐厅请你吃午饭,"他问罗伯特,"你能来面试吗?"

罗伯特打算再次拒绝,但吃完饭后,他们漫步在"希望之城",有两件事打动了罗伯特。 我们来到玫瑰园附近的一个角落,大门上写着我的一位前任的座右铭:"我们若是在该过程中摧毁了灵魂,那治愈身体也就没有任何益处了。"这确实引起了我的注意,但紧接着我走到拐角处,一个护士拉着一辆红色的货车,车上有一个没头发的三岁小孩。孩子微笑着,感觉很好,孩子的母亲跟在后面——给孩子推着静脉注射泵。她哭得很厉害。直到今天,我还不知道她是因为悲伤还是因为快乐而哭泣。也许这是她孩子很久以来第一次感觉良好,可以在阳光下玩耍。不管怎样,这引起了我的注意,对我来说这是一个令人高兴的时刻。我意识到这是一个我可以有所作为的地方。

于是罗伯特答应了。

罗伯特被聘为"希望之城"的副首席顾问,在他加入该组织的20个年头里,他曾担任过11个不同的职位——最终成为现在的首席执行官。虽然现在罗伯特完全负责这里的运营,但他主要关注的是病人及其护理。罗伯特说："我可以说，我们要么选择获得市场份额，要么为我们的病人提供更好的渠道——这两者中有一个是鼓舞人心的，而另一个则没有。在"希望之城"里，每个人都是使命、目标和愿景的一部分，每个人都觉得自己在发挥作用。"

对罗伯特来说，"希望之城"所做的就是忠实于他走进这里的第一天所读到的那个信条。

对"希望之城"来说，最重要的是人——研究人员、医生、护士、病人、护理人员和社区。"希望之城"就是服务和用心服务。

当你今天听罗伯特·W.斯通谈论"希望之城"时，你不禁会被这个组织的使命、宗旨和他们每天所做的不小的善举所感动：

"希望之城"有许多不同的地方，但最重要的是坚定不移地致力于为人类服务。在"希望之城"，无论你是病人服务部门的员工，还是护士、清洁工、医生、领导者、研究员——都没关系。你必须愿意将更伟大的利益放在第一位。在这个社区里做得好的人不是为了他们自己，他们在这里是因为他们想回报自己的同胞。

多年来，"希望之城"一直忠于这一使命，在全球抗击癌症和其他威胁生命的疾病的斗争中走在了最前线。他们自豪地说，他们能够为他们的顾客做一些非常特别的事情：将科学和灵魂结合起来创造奇迹，让生活再次完整。对罗伯特来说，这是终极的奖励。"我是个幸运儿，"他说，"'希望之城'教会了我回报的真正含义。"

作为一个组织,"希望之城"则是一个实实在在的证据,证明以服务为中心的企业是可能获得成功的。

此外,罗伯特·W.斯通证明,要成为一名高效的领导者,你不必直言不讳、充满权力、自我驱动、以自我为中心或恃强凌弱。罗伯特·W.斯通是一个温和的战士。他明白自己的组织的使命和愿景才是驱动力。他承认人是最重要的,他以谦卑的心去践行每一件事。

如果你和罗伯特交谈,你就会很快意识到,他不是一个容易被征服的人——他在策略上很聪明,在思维上很有远见,他包含并概括了本书中提出的所有原型。

罗伯特体现了所有原型中最好的一个:他是一名自信的反抗者,直觉敏锐的探险家,直言不讳的说真话者,有勇气的英雄,工作正直的发明家,引导他的组织向前发展的领航员,还是一名忠于人民的骑士。罗伯特的使命、目标和愿景不仅集中在他今天的事业上,还集中在未来很长一段时间内提供的医疗保健质量上。

作为一名领导者,你做出的每一个小小的选择都会产生巨大的影响,决定你、你的人民、组织、社区以及整个世界的结果。罗伯特·W.斯通明白这一事实的严重性。

你可能在报纸或电视新闻上看不到他或是有关他的消息,但对于那些需要帮助的人,他会施以援手;对于那些呼唤他的人,他有求必应;对于那些依靠他的人来说,他是可信的。他每天都表现得自信、忠诚和正直。对于那些视罗伯特·W.斯通为领袖的人来说,这是一个不同的世界。

他的成功远远超出了利润和回报指标。罗伯特·W. 斯通的领导力令人难忘和钦佩——这是大多数领导者想努力实现但不知道如何实现的目标。

他人能感知到他的存在，认可他的智慧，并看到他跳动的心。

安静、谦逊以及温和，这些都是我们必须学习的领导者特质，正是这些特质给了我们希望。

做一名领导者并不容易——它充满挑战、复杂性和随之而来的各种后果，而且我们每天都要经受其对我们的考验。面对每一个挑战，我们都必须竭尽所能地取得成功——不参与就是失败。

我们的言行最终都是我们向世界传递的信息。我们必须对自己说的话和树立的榜样保持警惕。我们是以光为先导，还是以阴影为先导？我们在传递着怎样的信息？

如果我们以积极的态度去领导他人，我们就会得到一个由内到外都积极的组织。

如果我们以消极的态度去领导他人，我们得到的就会是一个同样反映消极的组织。

如果你认为自己的行为和行动无关紧要，那就再好好想想。

如果你认为自己可以否认或消除内心的阴影，那就花点时间重新思考你的信仰，以及和我们总是在一起的那些事物：善与恶，光明与黑暗，弱与强。

如果你认为自己可以假装直到成功，那么再好好想想。

如果你认为当自己发挥领导力的时候并没有人在看着你，那就再好好想想。

如果你认为自己可以精简或者约束它，那么再好好想想。

我们必须时刻认识并警惕自己是谁。你不能，也不应该试图把好的和坏的部分分离开来，因为正是这些让我们成为一名完整的领导者。你的弱点会在你的内心造成领导力差距，但如果你不承认并拒绝与你领导中的两极合作，你就不可能成为一名完整的领导者。你的整个人生——你的意义和目标——就是在成为最好的领导者的过程中统一你自己。

如果你想让自己的领导正确，你必须先让自己正确。但你必须记住这一要旨，重新思考你认为你知道的一切——不管它对你来说有多么可怕或多么令你沮丧。几十年前，埃里希·弗洛姆警告我们，除非我们将它具体化，除非我们将它作为我们的要旨，除非我们生活在其中，否则任何激进、恐怖或令人恐惧的东西都是无法生存的。

你将如何活出你的领导者的原型呢？你将如何体现它们、吸引它们、拥抱它们？你将如何让这一要旨成为你领导力的一部分，成为你的一部分呢？ 当你把我在这本书里传授的知识付诸实践时，它不仅会给你希望，还会给你工具和感知，让你明白内心与生俱来的内在原则就能成就你的伟大。你的伟大不是环境的作用。事实证明，伟大存在于你的领导力差距之中，你也知道如何利用它们。你内在的力量是不被你所处的环境所禁锢的，也不被你的挫折所禁锢，还不被你的错误所束缚，更不被你的失败所打败。我们每一个人都能选择是否展现出自己的伟大。

你会怎么做呢？

结　语
展示你伟大的一面

真正的伟大在于在小事上变得伟大。

——查尔斯·西蒙斯

理解你的领导者原型只是重新思考你是谁，以及当你领导时你是谁的开始。我们每个人来到这个世界都是为了实现我们最伟大的自我，这个过程不仅会帮助你发现自己的领导力差距，还会帮助你找出是什么让你无法实现自己的伟大。

如果伟大是你想要的，那么你必须选择伟大，因为它会让你收获生活得更有意义、在工作中有更深的目标以及成为你应该成为的人的自我许可的回报。伟大体现在每天做得非常好的许多小事中。以下是一些行之有效的方法，可以让你的领导力和生活超越领导力差距，进入下一个层次：

给你自己

1. **透明开放**。当你愿意对自己真实的个性和动机进行诚实的自我检查时，发现和利用你的领导者原型就会更容易、更准确。

2. **搭建信任的桥梁**。作为一名领导者，你需要你的员工的信任和支持。不要拆掉信任的桥梁，而要建造它们。

3. **愿意冒险**。伟大的领导者需要勇气和承担风险的意愿——同时也鼓励自己的员工承担风险。当从失败中吸取教训时，这些教训可以成为我们最好的老师。你不一定要伟大才能冒险，你只需要通过冒险来变得伟大。

4. **庆祝你的胜利**。在一个比以往任何时候都更加忙碌和复杂的商业世界里，退后一步庆祝自己的胜利是很重要的。这将会给你足够的时间来充电，迎接更多的挑战。

5. **不要试图去亲力亲为**。分派任务是每个伟大领导者的首要工具。雇佣合适的人，好好培养他们，然后把工作委派给他们。如果你想成就伟大，就要停止独自做任何事。

6. **养成尊重每个人的习惯**。成为人们钦佩的那种领导者——尊重他人，信任他人，对自己有信心，用心地去领导他人。

7. **对自己的问题负责，不要责怪别人**。我们所有人都有给我们带来问题的经历。但要想真正产生积极影响，我们就必须对过去的经历负责，同时对未来负责。当你责备别人时，你就放弃了产生积极影响的能力。

8. **花时间和对你重要的人在一起**。把生活中重要的关系放在首位。良好的关系需要时间和耐心。

9. **表扬工作中做得好的人**。在时机恰当的时候赞美别人。赞美意味着你承认并欣赏他人。当你赞美他人时，被赞美的现象就会相应增加，也就是说，首先你会得到更多让你想要去赞美的行为。你的工作、名声和地位无法揭示你灵魂的伟大，只有你的善良才能做到这一点。

10．**带着兴趣、关心和同情去倾听他人**。影响力最大的领导者通常会给予人们充分的关注。所有人想要的是一个愿意倾听的人——专心致志，表现出关心和同情。有所作为的领导者不是那些履历优秀的人，而是那些最能表现出关心和同情的人。

11．**发展你的性格**。当你认为没有人在看的时候，你的性格将由你所做的事情来定义。良好的品格比杰出的才能更值得钦佩。你的才能是天赋，但相比之下，你的性格则是关于你的选择和决心。永远不要满足于做一个普通人——你生来就是伟大的。

12．**不断前行**。从忙碌的一天中抽出时间停下来，想一想如何才能不断前行。没有人能帮助所有人，但是每个人都能帮助别人。你的伟大不是你所拥有的，而是你所给予的。

给你的员工

1．**分享你的领导力**。通过与你的员工分享你的领导职责，给他们在职业生涯中成长的机会，同时获得自信和经验。

2．**赏识并奖励你的人员**。当你的员工做了伟大的工作，一定要认可并奖励他们的努力。记住：你得到了你应得的。

3.**设置高标准**。鼓励并期望你的员工表现出色,并建立高标准,要求他们努力实现这些目标。不仅你的组织会因此受益,你的员工也会从中受益。

4.**给他们开出丰厚的酬劳**。如果你想吸引并留住最优秀的人,你必须付给他们比竞争对手更高的报酬。密切关注你的竞争对手付给他们的报酬,并保持领先。

5.**坚持问责制**。当你的员工同意承担一项任务或实现一个目标时,要督促他们信守承诺。如果你不要求你的员工对他们的承诺负责,那么有些人就不会费心去履行他们的承诺。

6.**只有观点是不够的**。 要让你知道的变为可教授的,一名好的领导者和一名伟大的领导者之间的区别就在于教育和指导他人的能力。如果你寻求伟大,就要成为那种为你的指导和可教观点提供基准的领导者。

7.**鼓励他人相信自己**。我们都清楚失去信心时的感受,因此做一个能赋予他人权力的人。

8.**不要评判别人**。在你假设之前,先了解事实。在你做出判断之前,先搞清楚来龙去脉。在你说话之前,先想一想。

9.**利用你过往的经历**。最好的领导者会有意识地思考自己过往的经历,并重新思考自己知道什么和需要学习什么。最伟大的领导者从自己的经历中学习,同时讲述引人注目的故事,帮助人们做出正确的决定并采取正确的行动。

10. **当有人为你做了好事时，写一封感谢信**。让你的员工知道你有多么感激他们的慷慨，这大有裨益。这种额外的努力会留下持久的善意。

11. **实至名归**。无论你是主管还是普通员工，承认并赞扬高效率、努力工作和主动性对工作场所的士气至关重要。私下感谢员工不如在别人面前表扬他们，或给他们写封推荐信，或者给他们颁奖，这都在表明他们的努力没有被忽视。

12. **帮助梦想成真**。下次有人分享自己的目标或梦想时，要认真地鼓励他们去追求——要求他们在一定的时间范围内采取某种行动。然后，如果他们同意在某个特定的时间实现自己的目标时，就一定要在那个日期到来前进行跟进。

给你的社区

1. **为志愿服务提供机会**。通过将员工与当地非营利性组织联系起来，并提供带薪休假服务，让他们有机会在你开展业务的社区做志愿者。

2. **做一个好公民**。无论何时何地，尽你所能地回馈你所在的社区。

3. **雇佣当地人**。只要有可能,把你的招聘工作集中在你的社区。提供充足的培训机会,以便你的员工能够在组织中取得进步。

4. **为无家可归者提供食物**。看见的话就去做点什么,不要若无其事地走过无家可归的人身边;给无家可归的人买一顿真正的饭——不要把你的剩饭给他们。

5. **分享你的专业知识**。贡献你的才能,把你的专长贡献给你的社区,为他们所用。

6. **援救一只动物**。去援救一只宠物。你甚至可以在当地社区寻找一个地方对动物进行援救。

7. **参加市议会会议**。让你的声音被听到,诚实勇敢地说出来。坚持一项事业,并让它有意义。

8. **辅导一个孩子**。教育和鼓励孩子成为领导者。这将教会他们关心他人。

9. **为有需要的人建造房屋**。帮助那些有需要的人建立一个家,最好的慈善始于你自己的后院。

10. **领导非营利性组织的项目**。也许你可以收集需要的物品,制作工艺品来捐赠,为有需要的人组织一次郊游,或者和某个组织一起赞助某种庆祝活动。

11. **关爱地球。**在你的社区中种一棵树或种一些花；回收可回收垃圾；教育人们如何爱护地球。

12. **成为提供解决方案的人。**观察自己所处的环境，发现问题并提出解决方案。

从今天开始，寻找自己的差距，利用自己的差距，展现自己的伟大。

评估

如果你想了解是什么阻碍了你和你的伟大，今天就来对自己进行评估吧。

	了解你的差距		释放自己的伟大
领导者原型	领导风格	领导力差距	释放自己的伟大
反抗者	自信可靠的领导风格	冒名顶替者会受到自我怀疑的煽动	利用自己的能力提升自己的自信
探险家	寻求发现新的机会和经验，凭借直觉前行	剥削者操纵人们来达到控制的效果	利用自己的直觉夺回控制权
说真话者	坦率发言，愿意为说实话付出巨大的代价	欺诈者通过隐瞒信息来制造怀疑	利用坦诚，诚实地进行领导，说出你的真相

(续)

了解你的差距 释放自己的伟大			
领导者原型	领导风格	领导力差距	释放自己的伟大
英雄	不顾恐惧和忧虑，表现出自身的勇气	旁观者对其所见所闻都表现为袖手旁观	通过抵抗恐惧来增强勇气
发明家	以诚信和高标准来执行任务、创造卓越	破坏者通过偷工减料和寻找快速、廉价的方式完成任务，因而变得腐败不堪	利用自己的诚信和标准，以卓越的方式进行领导
领航员	引导人们为具有挑战性的复杂问题找到实用的解决方案	想要改善处境和周围人的清道夫通常被认为是傲慢且自大的	在"己所不欲，勿施于人"的前提下来利用自己解决问题的技能
骑士	具有忠诚和保护他人的强烈责任感	唯利是图者总是先为自己服务	利用自己的责任感来为他人服务，让一切变得更好、更显著

致　谢

没有伟大的人，就不会有伟大的成就。

致我的三个孩子，米凯拉、爱丽儿和佐伊，是他们告诉我，你不必一开始就很棒，但你必须开始变得很棒。

致彼得·依柯诺米，没有他的信任，就不会有这本书的诞生。这本书的每个阶段都有他的保驾护航。他的能力、指导和才华不仅使这本书成为可能，还帮助我完成了不可能的事情。

致克里斯蒂·福克纳，他接受了我复杂的想法，并指导我如何将其化繁为简，因为一切有意义的事情都应该尽可能地简约而不简单。

致弗兰克·索南伯格，他告诉我，真正的友谊意味着在一切看似陷入困境时，你仍可以静观其变。

感谢迈克尔·韦德对这本书慷慨无价的建议。

致贾尔斯·安德森，他知道一本好书只有经过一位伟大的代理人之手后才能诞生。

致杰西·梅希罗，他的奉献、反馈和时间将永远受到高度赞赏。

致埃里克·纳尔逊，他相信伟大是可以找到的，并帮我找到了它。

献给约翰·安德森，他的奉献精神告诉我，要成为一名伟大的领导者，你必须首先成为一个伟大的人。

致弗朗西斯·赫塞尔本，她向世人证明真正伟大的人是可以让你感受到自己也能成就一番伟业。

致艾斯特·富克斯，他见证了每个伟大的解决方案都是需要一个伟大问题的。

致丹尼尔·鲁贝茨基，他证明了善良永远是伟大的驱动力。

致维克多·弗兰克尔、卡尔·荣格和约瑟夫·坎贝尔，是他们教导伟大的男人和女人并非生来伟大，而是后天变得伟大的。

致我的客户，他们告诉我每个人都可以伟大。

致我所有的差距：我感谢你们，如果没有你们，我将永远不会成就今天的我。